ERINNERN
WOCHE FÜR WOCHE

Dominic O'Brien

ERINNERN

WOCHE FÜR WOCHE

52 praktische Übungen für ein besseres Gedächtnis

Librero

Dieses Buch ist all jenen gewidmet, die das Potenzial ihres Gedächtnisses ausschöpfen möchten.

Die Originalausgabe erschien 2005 unter dem Titel: *Perfect Memory – Week by Week*

Postbus 72, 5330 AB Kerkdriel, Niederlande

Redaktion: Naomi Waters, Zoe Stone
Layout: Manisha Patel, Justin Ford

Produktion der deutschsprachigen Ausgabe: Print Company Verlagsgesellschaft mbH, Wien

Printed in China

ISBN: 978-90-8998-501-9

Inhalt

Einleitung

Ich bin zu der Überzeugung gelangt, dass viele, wenn nicht sogar die meisten von uns, das Potenzial in sich tragen, ein „Gedächtnismeister" zu werden. Nachdem ich die unterschiedlichsten Menschen in Spielshows und Vorlesungen sowie bei unerwarteten Zusammentreffen (zum Beispiel im Restaurant) trainiert habe, muss ich immer wieder feststellen, dass die Menschen erstaunt sind, in welcher Weise sich ihr Gedächtnis so plötzlich verwandeln konnte. Und alles, was sie dazu getan hatten, war, jene einfachen Prinzipien, die in diesem Buch beschrieben sind, zu verinnerlichen und anzuwenden.

Perfect Memory soll Ihnen helfen, Ihre Gedächtnisleistung Schritt für Schritt zu erhöhen, indem das Buch Ihnen diese einfachen Techniken in kleinen, gut verdaulichen Portionen serviert. Sie können dafür niemals zu jung oder zu alt sein. Falls Sie neu in das Gedächtnistraining einsteigen, werden Sie erstaunt sein, wie schnell Sie diese Methoden erlernen und anwenden können.

Wenn Sie die empfohlenen Übungen und Tests zu den jeweiligen Schritten machen, werden Sie am meisten von diesem Buch profitieren. Dafür brauchen Sie nur ein Notizbuch, in dem Sie Ihre Antworten und Ergebnisse festhalten können.

Die Auswertung umfasst drei Kategorien: Ungeübte, Geübte und Meister. Wenn Sie die Punkte, die Sie bei einem Test erreichen, addieren, sehen Sie an Ihrer Punktezahl, welches Niveau Sie erreicht haben. In jedem Fall spiegeln diese Auswertungskategorien die relative Schwierigkeit der einzelnen Übungen wider. Die Kategorie

„Ungeübte“ zeigt jene Punktezahl, die ich von jemandem erwarten würde, der keine Lerntechniken kennt und verwendet. Die Kategorie „Geübte“ definiert Ihre momentane Zielsetzung und die Punktezahl „Meister“ steht für außergewöhnliche Ergebnisse. Dieses Auswertungssystem zeigt, wie gut Sie im Vergleich zu einer ungeübten Person abschneiden würden und wie sehr sich Ihr Gedächtnis von Schritt zu Schritt verbessert. Keine Sorge, wenn Sie anfangs nicht so überragend sind oder einige Übungen viel schwieriger finden als andere – ein paar sind mit Absicht so knifflig! Wiederholen Sie die Übungen so oft Sie wollen: Sie schärfen Ihr Gedächtnis nicht nur in dem speziellen Bereich, sondern auch im Allgemeinen.

Kapitel 1 dient dazu, Ihre derzeitige Gedächtnisleistung einzustufen und Ihnen die grundlegenden Gedächtnishilfen vorzuführen, die Sie im täglichen Leben anwenden können. In Kapitel 2 werden Sie diese Fertigkeiten ausbauen und in vielerlei praktischer Hinsicht einsetzen. Kapitel 3 soll Ihre Gedächtnisleistung auf einem fortgeschritteneren Niveau entwickeln. Sie werden viele der schon gelernten Techniken vereint anwenden, um komplexere Informationssets zu verarbeiten. In Kapitel 4 wird Ihr Gedächtnis stark genug sein, um die letzten, extrem fordernden Schritte bewältigen zu können. Das Buch schließt mit einigen Tests, die Ihre Fortschritte gegenüber Schritt 1 zeigen sollen.

Lassen Sie sich für jeden Schritt so viel Zeit, wie Sie brauchen. Ich hoffe, Sie finden meine Methoden spannend, wirkungsvoll und haben Spaß dabei, sie zu erlernen. Viel Erfolg!

Kapitel 1

Gedächtnisstützen

- *Schritt 01* **Wie gut ist Ihr Gedächtnis?**
- *Schritt 02* **Visualisierung und Beobachtung**
- *Schritt 03* **Akronyme**
- *Schritt 04* **Zahlen in Sätze umwandeln**
- *Schritt 05* **Die Körper-Methode**
- *Schritt 06* **Assoziation: der erste Schlüssel**
- *Schritt 07* **Die Verknüpfungs-Methode**
- *Schritt 08* **Lokation: der zweite Schlüssel**
- *Schritt 09* **Imagination: der dritte Schlüssel**
- *Schritt 10* **Die Reise-Methode**
- *Schritt 11* **Konzentration**
- *Schritt 12* **Die Sprache der Zahlen**
- *Schritt 13* **Die Zahlenreim-Methode**
- *Schritt 14* **Die Alphabet-Methode**

Das Gedächtnis ist von drei grundlegenden Prozessen abhängig: etwas einprägsam zu machen, diesen Posten gedanklich zu speichern und ihn nach einiger Zeit richtig abzurufen. Sie müssen jedoch grundsätzlich daran glauben, dass es sich bei Ihrem Erinnerungsvermögen um eine perfektionierbare Fähigkeit handelt. Auch wenn wir manchmal sagen, jemand hätte ein Gedächtnis wie ein „Sieb“, heißt das nicht, dass ein schlechtes Gedächtnis eine unabänderliche Tatsache, wie z. B. Farbenblindheit, ist. Sobald Sie mit den Gedächtnistechniken in Kapitel 1 anfangen, werden Sie bemerken, wie sich Ihre Erinnerung an Fakten, Zahlen, Objekte, Ereignisse, Orte und Menschen allmählich schärft.

Das Kapitel beginnt mit ein paar Wort-, Form- und Zahlentests, um Ihre jetzige Gedächtniskraft einzuschätzen. Dann lernen Sie einige grundlegende Techniken, wie das Arbeiten mit Akronymen und die Körper-Methode, um kleine Datenmengen zu speichern. Dann werden wir die drei Schlüsselfähigkeiten der Assoziation, Lokation und Imagination entwickeln. Ich werde Ihnen wirksame Erinnerungstechniken wie die Reise-Methode, ein geistiges Datenablage-System, und die Zahlenform-Methode für Zahlenkombinationen vorstellen und Sie beim Lernen mit verschiedenen Übungen anleiten.

01 Wie gut ist Ihr Gedächtnis?

Ob Sie nun das Gefühl haben, Ihr Gedächtnis sei unzuverlässig oder funktioniere akzeptabel, es ist wahrscheinlich in recht guter Form. Es ist allerdings genauso wahrscheinlich, dass Ihnen bislang niemand gezeigt hat, wie Sie sein wahres Potenzial nutzen können. Es könnte sein, dass Selbstzweifel Sie befallen, wenn Sie Namen oder den PIN Ihrer neuen Kreditkarte vergessen oder nicht mehr wissen, wo Ihre Brieftasche liegt.

Schritt 1 wird durch einige Tests bemessen, wie stark Ihr Erinnerungsvermögen gerade ist. Schreiben Sie Ihre Antworten in ein Notizbuch und kontrollieren Sie Ihre Ergebnisse. Machen Sie sich keine Sorgen, wenn Sie anfangs wenig Punkte erreichen. Ich bin mir sicher, dass Sie schon nach den ersten Ihrer 52 Schritte umfassenden Reise ein perfektes Gedächtnis haben werden.

TEST 1: Wörter

Studieren Sie drei Minuten lang diese 20 Wörter. Schreiben Sie dann alle Wörter auf, an die Sie sich erinnern. Die Reihenfolge ist unwichtig. Geben Sie sich für jedes Wort, an das Sie sich erinnen, einen Punkt und gehen Sie weiter zum nächsten Test.

BAUM ZEIT GESICHT PFEIFE
UHR MAUS MASCHINE PLANET
DONNER HALSKETTE SCHRANK RAUPE
GARTEN SIRUP BILD HARNISCH
SCHLAF APFEL OZEAN BUCH

TEST 2: Zahlenreihe

Studieren Sie drei Minuten lang diese Zahlenreihe aus 20 Ziffern. Bei diesem Test ist die Reihenfolge wichtig. Schreiben Sie dann so viele Zahlen wie möglich aus dem Gedächtnis auf. Für jede Ziffer in der richtigen Reihenfolge vor dem ersten Fehler bekommen Sie einen Punkt. Das Prinzip heißt „plötzlicher Tod": in anderen Worten, wenn Sie sich alle 20 Ziffern merken, jedoch die fünfte Zahl falsch ist, erhalten Sie vier Punkte. Viel Glück!

5 0 3 6 7 4 4 0 9 2 8 2 0 5 7 6 7 1 2 9

TEST 3: Formen

Betrachten Sie diese zehn Formen drei Minuten lang. Merken Sie sich die Formen in der unten angezeigten Reihenfolge von 1 bis 10. Blättern Sie dann um. Auf der nächsten Seite werden Sie die Formen in einer anderen Anordnung vorfinden. Folgen Sie den dortigen Anweisungen, um den Test fortzusetzen.

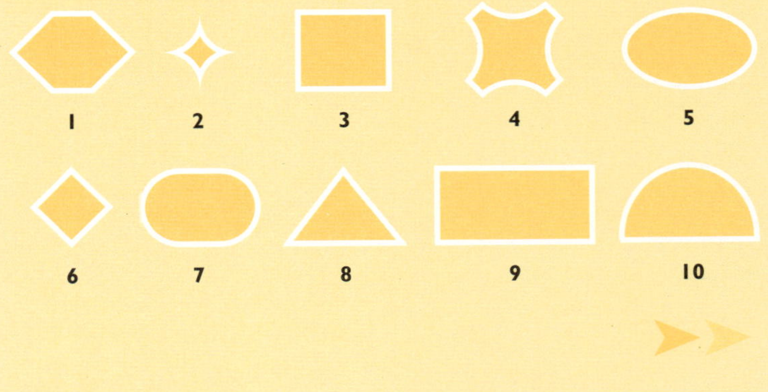

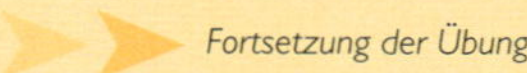

Nun sehen Sie die Formen, die Sie sich gerade eingeprägt haben, in einer anderen Anordnung. Nummerieren Sie sie gemäß der ursprünglichen Reihenfolge (das heißt, wie auf der vorigen Seite – allerdings ohne dort nachzusehen). Geben Sie sich einen Punkt für jede richtig zugeordnete Form.

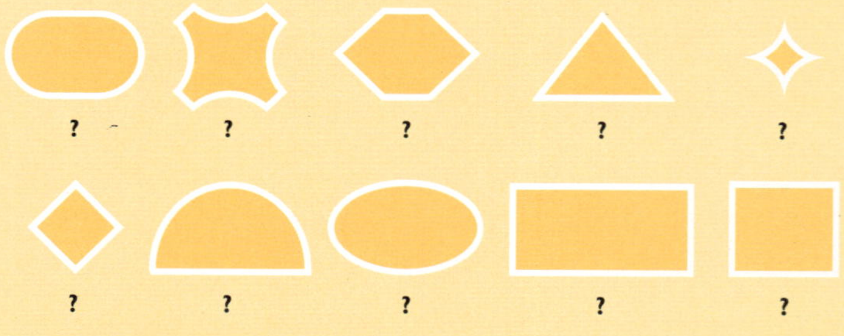

TEST 4: Binärzahlen

Geben Sie sich drei Minuten, um sich diese Binärzahl mit 30 Stellen einzuprägen, und schreiben Sie dann so viele dieser Zahlen wie möglich in richtiger Reihenfolge in Ihr Notizbuch. Geben Sie sich für jede richtig eingereihte Zahl einen Punkt. Es handelt sich hierbei wieder um einen „plötzlichen Tod“: Falls Sie die ersten fünf Ziffern richtig wiedergeben, dann bei der sechsten einen Fehler machen, ist Ihre Punktezahl fünf.

1 1 0 0 0 0 0 1 1 0 1 1 1 0 1 1 0 0 1 1 0 1 0 1 0 1 0 0 1 1

TEST 5: Spielkarten

Betrachten Sie diese zehn Spielkarten drei Minuten und schreiben Sie die Abfolge aus dem Gedächtnis auf. Wie bei den Zahlen handelt es sich um einen „plötzlichen Tod". Sie bekommen für jede Karte vor dem ersten Fehler einen Punkt.

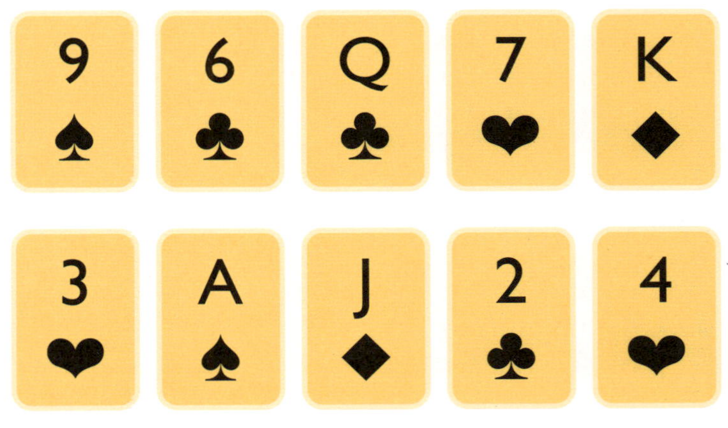

Auswertung: *Addieren Sie die Punkte der fünf Tests zu einer Gesamtsumme.*

Maximale Punkte: 90 *Ungeübte: 20+* *Geübte: 35+* *Meister: 70*

Falls Ihr Ergebnis höher als das für „Geübte" liegt, haben Sie ein exzellentes Gedächtnispotenzial – Sie können bei Schritt 52 großartige Resultate erwarten. Keine Sorge, wenn Ihr Ergebnis unter der Punktezahl für „Ungeübte" liegt: Wenn Sie den nächsten Schritten folgen, können Sie bald merkbare Fortschritte erwarten und ich bin sicher, dass Ihr Gedächtnis am Ende dieses Buchs sehr gut in Form sein wird.

02 Visualisierung und Beobachtung

Ich werde Sie in diesem Buch immer wieder bitten, sich diverse Gegenstände, Gesichter und Orte bildlich vorzustellen oder zu visualisieren. Manche befürchten, dass diese Techniken nicht funktionieren, wenn Sie sich geistig kein genaues Bild von einem Begriff, wie einem Apfel oder einer Kuh, machen können. Sie müssen jedoch keine fotografische Kopie des Gegenstandes erzeugen, sondern sich nur einige besonders einprägsame Aspekte des Objekts vorstellen.

Angenommen, Sie wollen sich einen Pandabär vorstellen. Es ist keineswegs nötig, die exakte Proportion seiner Nase in Bezug auf seine Ohren oder den Sonnenglanz auf seinem Pelz zu visualisieren. Denken Sie einfach an die Zeichentrickfigur eines schwarz-weißen flauschigen Tieres mit schwarzen Augen und scharfen Pranken.

Wenn ich eine Liste von etwa 100 Wörtern überfliege und versuche, sie im Gedächtnis zu behalten, konzentriere ich mich darauf, ein bestimmtes Merkmal des jeweiligen Begriffs kurz aufblitzen zu lassen. So könnte ich etwa für einen Schuh nur einen Schnürsenkel oder für ein Telefon die Tastatur vor mir sehen.

Denken Sie daran, das Wort „Imagination" oder Vorstellungskraft bezieht sich nicht nur darauf, *sich ein mentales Bild zu machen,* sondern auch etwas *zu ersinnen oder zu erfinden*. Das Bild, das Sie sich machen, ist spezifisch für Sie – es existiert nur in Ihrem eigenen Geist und ist außerhalb dieser Wahrnehmung nicht real.

Es gibt Techniken, um die Kraft innerer Bilder zu entwickeln. Je mehr Sie Ihr Gedächtnis üben, desto stärker wird Ihr geistiges Auge.

ÜBUNG: Visualisierung durch Beobachtung

Dies ist eine wunderbare Übung, um die visuelle Seite Ihres Gedächtnisses und Ihre Beobachtungsgabe zu entwickeln.

1. Nehmen Sie einen Haushaltsgegenstand, z. B. ein Telefon, ein Radio oder einen Teekessel zur Hand und betrachten Sie diesen etwa 15 bis 20 Sekunden, um so viele Aspekte wie möglich wahrzunehmen.

2. Schließen Sie nun die Augen und rufen Sie sich so viele Details des Gegenstandes wie möglich vor Ihrem geistigen Auge in Erinnerung. Wenn Sie einen Teekessel betrachtet haben, könnten Sie sich z. B. an die Form des Kessels und des Griffs erinnern. Wenn Sie keine Ideen mehr haben, öffnen Sie die Augen und nehmen Sie noch mehr Einzelheiten wie die Form des Schnabels etc. auf.

3. Schließen Sie erneut die Augen und fügen Sie die neuen Beobachtungen Ihrem ursprünglichen geistigen Bild hinzu. Öffnen Sie die Augen, um weitere Details zu finden. Wiederholen Sie den Vorgang „Augen öffnen – beobachten – Augen schließen – hinzufügen" bis Sie so viele Merkmale des Kessels wie möglich aufgenommen haben.

4. Skizzieren Sie die eingeprägten Merkmale in Ihrem Notizbuch, ohne das Objekt anzublicken. Wenn Ihnen nichts mehr dazu einfällt, betrachten Sie den Kessel ein letztes Mal und überprüfen Sie, ob Sie noch Details zu Ihrem geistigen Bild hinzufügen können.

03 Akronyme

Sie kennen wahrscheinlich schon einige Akronyme als Gedächtnishilfe. Ein Akronym ist ein Wort, das aus den ersten oder mehreren Buchstaben einiger Worte besteht. So ist GAU eigentlich die Kurzform von **G**rößter **A**nzunehmender **U**nfall. Ein Akronym wird also eher als Wort denn als isolierte Buchstabenfolge behandelt – könnte man sonst von einem Super-Gau sprechen? Hier ein paar Beispiele:

TÜV	***Technischer Überwachungs-Verein***
GAU	***Größter Anzunehmender Unfall***
Degussa	***Deutsche Gold- und Silber-Scheide-Anstalt***
PVC	***Polyvinylchlorid***
CeBIT	***Centrum der Büro- und Informationstechnik***

ERWEITERTE AKRONYME

Eine gebräuchliche Form des Akronyms besteht darin, einen Satz oder Reim aus dem ersten Buchstaben jedes Worts zu bilden, welches uns hilft, uns bestimmte Informationsteile hintereinander zu merken. Diese bezeichnet man als erweitertes Akronym. Um sich zum Beispiel an die Folge der Gitarrensaiten zu erinnern – E, A, D, G, H, E – wird oft folgender Satz verwendet:

EINE ALTE DUMME GANS HOLT EIER.

ÜBUNG: Erweiterte Akronyme

Werfen Sie einen Blick auf folgende zwei erweiterte Akronyme:

- ***Susi Meier Heiratet Einen Oberst***

  Große Seen von Nordamerika:

  Superior, Michigan, Huron, Erie, Ontario

- ***Heute Ficht Paul Trotzig Für Tadellose Makellose Pfefferoni***

  Knochen der unteren Extremitäten:

  Hüfte, Femur, Patella, Tibia, Fibula, Tarsal, Metatarsal, Phalangen

Versuchen Sie nun, sich die folgenden zwei Datenmengen zu merken, indem Sie Ihre eigenen erweiterten Akronyme bilden. Seien Sie phantasievoll und nutzen Sie Übertreibung und Humor, um Ihre Akronyme einprägsam zu machen.

- ***Volt = Ampere x Widerstand (Ohm'sches Gesetz):***

  Tipp: Bilden Sie ein Sprichwort aus den Buchstaben V, A und W.

- ***Anordnung der Planeten von der Sonne ausgehend:***

  Merkur, Venus, Erde, Mars, Jupiter, Saturn, Uranus, Neptun, Pluto

  Tipp: Bilden Sie eine Redewendung mit den Anfangsbuchstaben der Planeten.

Ich werde Sie gleich bitten, sich an Ihre zwei erweiterten Akronyme zu erinnern, doch zuvor werfen wir einen Blick auf eine Variante der Akronym-Methode, die uns hilft, uns Zahlen zu merken.

04 Zahlen in Sätze umwandeln

Am 18. Februar 1995 sagte Hiroyuki Goto im NHK Broadcasting Centre in Tokio die Zahl Pi bis auf 42.195 Dezimalstellen auswendig auf. Er machte dies, um einen neuen Weltrekord aufzustellen. Pi, die so genannte Kreiszahl, beschreibt das Verhältnis von Kreisumfang und Kreisdurchmesser und beträgt ca. 3,1415926. Dies macht sie zu einem perfekten Zahlentest, da das Verhältnis eine transzendente Zahl formt. In anderen Worten: Es gibt eine unendliche Zahl von Dezimalstellen, die auswendig gelernt werden können.

In Kapitel 4 werde ich anhand meines Binärkodes und einer Strategie, bei der sechs oder mehr Ziffern gruppiert und mit der Reise-Methode kombiniert werden, erklären, wie man sich Hunderte von Binärzahlen merken kann.

Um sich an kürzere Zahlenketten wie unsere Sozialversicherungs-, Pass- oder Telefonnummer zu erinnern, können wir auf die Mnemotechnik zurückgreifen. Mnemotechnik bezeichnet jedes Hilfsmittel, das das Gedächtnis unterstützt. Im vorigen Schritt haben wir uns mit Akronymen befasst, die wahrscheinlich die meistgenutzte Form von Mnemotechnik darstellen. Wir können nun eine Methode anwenden, die den erweiterten Akronymen sehr ähnlich ist, um eine kurze Zahlenfolge zu lernen. Jeder Ziffer entspricht die Anzahl der Buchstaben des gebildeten Wortes der Folge. So könnten Sie folgende Eselsbrücke für die ersten Stellen der Zahl Pi anwenden: 3,1415926

DAS X ODER Y JENER KREISZAHL PI LAUTET:

(3) (1) (4) (1) (5) (9) (2) (6)

ÜBUNG: Zahlen in Sätze umwandeln

Bilden Sie Sätze aus folgenden Zahlen, um sich folgende zwei Datensets zu merken. Sie können so erfinderisch sein, wie Sie wollen. Die Ziffern bestimmen die Zahl der Buchstaben jedes Wortes:

1 ***PIN 3316***

2 ***Passnummer 154244625***

Wiederholen Sie geistig nochmals die zwei erweiterten Akronyme, die Sie in der Übung auf Seite 19 gebildet haben und die zwei Sätze, die Sie den Zahlen in der vorangegangenen Übung zugeordnet haben. Decken Sie die obere Hälfte dieser Seite ab und schreiben Sie die Antworten auf die Fragen in Ihr Notizbuch:

1 ***Wie lautet der vierstellige PIN? ➤ Auswertung 10 Punkte***

2 ***Wie lautet das Ohm'sche Gesetz? ➤ Auswertung 10 Punkte***

3 ***Wie lautet die Anordnung der Planeten von der Sonne weg? ➤ Auswertung 20 Punkte***

4 ***Wie lautet die Passnummer? ➤ Auswertung 20 Punkte***

Auswertung: *Sie müssen jedes Wort und jede Zahl korrekt und in der richtigen Reihenfolge widergeben, um Punkte zu erhalten:*

Maximale Punkte: 60 *Ungeübte: 10+* *Geübte: 30+* *Meister: 50+*

05 Die Körper-Methode

Bei diesem Schritt erkläre ich Ihnen eine schnelle Gedächtnishilfe für Gelegenheiten, wenn Sie sich sofort etwas merken wollen. Die Körper-Methode ist eine einfache, aber wirksame Methode, um sich einige Posten wie etwa auf einer Einkaufsliste einzuprägen. Sie beruht auf der Assoziation von Körperteilen mit den Dingen, die Sie sich einprägen wollen. Je übertriebener das Bild, umso besser, da es Ihnen hilft, es im Gedächtnis zu behalten. Diese Methode besitzt keine strikten Regeln, doch ich empfehle Ihnen, sie auf höchstens zehn Posten zu beschränken. Sie müssen nicht die zehn Körperteile wie im Diagramm gegenüber verwenden und sie können Ihre Liste bei Ihrem Kopf beginnen lassen oder umgekehrt.

Nehmen wir an, Sie wollen sich folgende zehnteilige Einkaufsliste merken: blaue Farbe, Hundekuchen, Zeitung, Blitzlicht, Apothekenrezept, Hähnchenfleich, Zahnpasta, Bananen, Shampoo und Batterien für den Wecker. Ich stelle mir vor, meinen **Fuß** in einen Kübel *blauer Farbe* zu tunken. Dann stelle ich mir einen *Hund* vor, der auf mein **Knie** springt. Eine eingerollte *Zeitung* steckt in meiner **Hosentasche am Oberschenkel**. Ein *Lichtstrahl* dringt aus meinem **Nabel**. Ein *Rezept* klebt an meiner **Brust**. Ein *Hahn* kauert auf meiner **Schulter**. Ich habe *Zahnpasta* auf meinem **Mund**. Meine **Nase** hat die Form einer *Banane*. Mein **Haar** ist mit *Shampoo* eingeschäumt. Ich halte einen läutenden *Wecker* in meiner **Hand**.

Mit etwas Fantasie kann ich mir so rasch eine Liste einprägen. Anhand folgender Übung können Sie die Methode selbst ausprobieren.

ÜBUNG: Die Körper-Methode anwenden

Das Diagramm zeigt zehn Körperteile. Assoziieren Sie jeweils einen Körperteil mit einem der zehn Posten auf der Einkaufsliste.

Sobald Sie alle zehn Bilder geformt haben, wiederholen Sie geistig die ganze Abfolge. Decken Sie dann die Seite zu und versuchen Sie, alle zehn Einkaufsposten in Ihr Notizbuch zu schreiben.

Auswertung: *Zehn Punkte für jeden richtigen Posten*

Maximale Punkte: 100 *Ungeübte: 20+*

Geübte: 50+ *Meister: 90+*

EINKAUFSLISTE

- MILCH
- WEINTRAUBEN
- REIS
- VITAMINE
- BACKWAREN
- ORANGENSAFT
- FOTOFILME
- FRISCHE BLUMEN
- SCHWARZER PFEFFER
- REISEPROSPEKT

06 Assoziation: der erste Schlüssel

Die Assoziation spielt eine zentrale Rolle bei der Entwicklung eines perfekten Gedächtnisses, denn sie repräsentiert das Prinzip, nach dem das Gedächtnis funktioniert. Das Gehirn umfasst Milliarden von Nervenzellen oder Neuronen, die in einem komplexen Netzwerk miteinander verbunden sind und unendlich viele Gedankenkombinationen und Erinnerungen ermöglichen. Es ist daher anzunehmen, dass zwei Gedanken, Begriffe oder Zahlen in vielfältiger Weise miteinander verbunden werden können, ganz gleich wie verschieden sie auch sein mögen. Sie müssen Ihren Gedanken nur freien Lauf lassen.

Wie verbindet Ihr Gehirn zum Beispiel die zwei Begriffe Kreide und Käse? Was assoziieren Sie damit? Stellen Sie sich den Käse als Kreidezeichnung vor oder bohren Sie eine Kreide in den Käse, um seine Festigkeit zu testen? Wir stellen uns einen Gegenstand nicht gemäß seiner Definition im Lexikon vor, sondern mittels Erfahrungen, die wir damit verbinden. Wenn ich das Wort „Frosch" höre, so denke ich nicht an eine *schwanzlose schwimmfüßige Amphibie*, sondern eher an einen Teich, Kaulquappen, ein Märchen, eine TV-Dokumentation über Natur und vieles mehr. Wenn Sie „Schnee" hören, denken Sie nicht unbedingt an *in kristalliner Form gefroreren atmosphärischen Wasserdampf*, sondern assoziieren damit persönliche Erfahrungen wie den ersten Schneemann, Skiferien, Schneeballschlachten und so weiter.

Nun ist es sicherlich möglich, mit diesen zahlreichen Assoziationen und einem riesigen Netzwerk miteinander verbundener Gehirnzellen, die als Leiter fungieren, Assoziationen zwischen beliebigen Informationsgruppen zu finden. Wie würden Sie Schnee und Frosch miteinander verbinden? Ein Frosch aus Schnee? Ein Frosch, der durch den Schnee hüpft? Ein Ski fahrender Frosch? Mit etwas Fantasie finden sich zahllose Verknüpfungsmöglichkeiten.

Das bringt uns gleich zum nächsten Schritt auf unserem Weg zu einem perfekten Gedächtnis – zur Verknüpfungs-Methode. Doch zuvor wärmen wir noch rasch unsere aufgeweckten Neuronen mit einem freien Assoziationsspiel auf.

ÜBUNG: Freie Assoziation

Sprechen Sie alle diese zehn Wörter einzeln aus und schreiben Sie dabei sofort den ersten Begriff oder Gedanken nieder, der Ihnen dazu einfällt. Es gibt dabei keine Regeln und auch keine Punktauswertung. Es ist nur eine Art, um sich für die Verknüpfungs-Methode aufzuwärmen. Lassen Sie dabei Ihrem Geist die Freiheit zu denken, was er will. Suchen Sie nicht lange nach Worten. Ihre erste Assoziation ist die stärkste und bedeutsamste.

TRAMPOLIN TELEFON GEHIRN MOND TRAUM VERWANDTE SCHNEEFLOCKE BRÜCKE TEDDYBÄR GEDÄCHTNIS

07 Die Verknüpfungs-Methode

Die Verknüpfungs-Methode ist eine simple und wirksame Methode, um sich die Abfolge von irgendwelchen Daten zu merken, sei es eine Einkaufs- oder Namensliste, Konzepte, Gegenstände und so weiter. Sie müssen einfach Ihrer Fantasie freien Lauf lassen.
Wie könnten Sie sich Begriffe wie *Hand*, *Butter*, *Magnet und Atlas* in dieser Reihenfolge merken? Stellen Sie sich vor, Sie stecken Ihre *Hand* in *Butter*, aus der Sie einen *Magneten* ziehen. Dieser zieht Sie

ÜBUNG 1: Anwendung der Verknüpfungs-Methode

Nutzen Sie Ihre Fantasie und Vorstellungskraft, um sich folgende Liste aus fünf Posten in richtiger Reihenfolge einzuprägen:

PAPIER FENSTER SCHNECKE AUTO GITARRE

Erlauben Sie Ihrem Geist „freien Fluss", das heißt, lassen Sie Ihre Fantasie vernetzend arbeiten. Sie brauchen keine Verknüpfungen herzustellen: nehmen Sie die, die Ihnen einfallen. Vergleichen Sie Ihre Verknüpfungen danach mit meinen:

Ich werfe eine Papierkugel gegen ein Fenster. Das Fenster öffnet sich und ich sehe eine Schnecke. Die Schnecke fährt ein Auto. Auf dem Rücksitz liegt eine Gitarre. Diese Methode vermischt die Realität mit etwas Fantasie. Es ist egal, wie mein Geist auf diese Ideen kommt. Das Wichtige ist, dass dies meine ersten Gedanken waren und garantieren, dass ich mir die fünf Objekte in richtiger Abfolge merke.

zu einem Buch, das zufällig ein *Atlas* ist. Sie können sich nun die Gegenstände in der richtigen Reihenfolge gut merken, da Sie zwischen Ihnen eine fixe Verknüpfung gebildet haben.

ÜBUNG 2: Erweiterung der Verknüpfungs-Methode

Ich vermute, eine Liste von fünf Wörtern ist zu einfach für Sie. Daher fordern wir Ihr Gedächtnis ein bisschen mit einer 20 Posten umfassenden Liste. Geben Sie sich fünf Minuten, um Verknüpfungen zwischen den Wortfolgen herzustellen. Stellen Sie dann fest, wie viele Begriffe Sie in richtiger Reihenfolge fehlerlos hintereinander wiedergeben können.

KERKER EIDECHSE TELEFON ZAHNPASTA LASTWAGEN
COMPUTER BLUMEN SPINNE SESSEL WÖRTERBUCH
GARTENHOSE VORHANG KÜBEL KATAPULT BALLON
INSTALLATEUR VULKAN TISCH PORTRÄT SKI

Ihre Fantasie führte Sie vielleicht auf eine Reise, bei der Sie aus dem Kerker mit einem Lastwagen, der Computer transportiert, ausbrechen und dann auf ein Katapult stoßen, dass auf einen Ballon schoss, und so fort bis zum letzen Posten – einem Ski.

Auswertung: *Einen Punkt für jeden richtigen Posten in fehlerfreier Reihenfolge.*
Maximale Punkte: 20 Ungeübte: 4+ Geübte: 8+ Meister: 18+
Bei 14 oder mehr Punkten haben Sie eine sehr effektive Verknüpfungskette gebildet.

08 Lokation: der zweite Schlüssel

Der zweite Schlüssel zu einem guten Gedächtnis ist die Lokation – die räumliche Zuordnung. Lokationen bilden die Landkarte des Gedächtnisses. Sie fungieren als geistige Ablageschränke, die eine natürliche und wirksame Möglichkeit bieten, Erinnerungen zu speichern und abzurufen. Dies beruht darauf, dass wir in einer dreidimensionalen Welt leben, in der Objekte in Bezug auf ihre Umgebung oder mittels eines vorgefertigten Koordinatensystems einem bestimmten Ort zugewiesen werden können – sowohl materiell als auch geistig.

Die Lokation wurde schon vor 2.000 Jahren als Gedächtnishilfe eingesetzt. Die Griechen und Römer entdeckten in der Antike, dass die beste Art, sich Dinge zu merken, jene war, sie einer Ordnung zu unterwerfen. Sie benutzten dabei eine Reihe vertrauter Plätze oder *loci*, wie Räume ihres Hauses, Balkone, Mauerbögen, Statuen und so weiter. Die Bilder von dem, an das sie sich erinnern wollten, wurden dann in der Vorstellung diesen diversen *loci* zugeordnet.

Die räumliche Zuordnung bringt Ordnung in unser Leben. Ohne sie würden wir im Chaos versinken. Stellen Sie sich vor, Sie müssten alles, was Sie heute gemacht haben, der Reihe nach aufschreiben. Sie würden wohl wie ich beginnen, Ihre Schritte zurückzuverfolgen und sich dabei an den Plätzen orientieren, an denen Sie gewesen sind.

In Schritt 6 haben wir gelernt, dass wir zwischen zwei beliebigen Informationsgruppen Verbindungen herstellen können. Genauso ist es möglich, eine Assoziation zwischen irgendeinem Wort, Gegenstand oder Gedanken und einem Ort herzustellen. Nehmen Sie zum Beispiel das Wort „sieben": Auf den ersten Blick scheint es nur eine Zahl, doch mit einem freien Geist führt Sie diese direkt zu einer Schar assoziativer Orte: in den siebten Himmel, hinter die sieben Berge zu Schneewittchen und den sieben Zwergen, zu einer Schule, die sie im Alter von sieben Jahren besucht haben, und so weiter.

Die Lokation stellt somit einen wesentlichen Baustein des Gedächtnistrainings dar, da sie sich gut zum Assoziieren eignet. Sie ist der Hauptbestandteil meiner Reise-Methode, die wir in Schritt 10 lernen und in der Folge des Buchs noch öfter einsetzen werden.

ÜBUNG: Wohin führen Sie diese Worte?

Betrachten Sie diese Liste aus zehn Wörtern. Welche Bilder von Orten ruft jedes einzelne Wort in Ihnen hervor? Vielleicht erinnert Sie das Wort „Sprung" an einen Bach, über den Sie früher häufig gesprungen sind. Merken Sie sich die Orte, die Ihnen einfallen und schreiben Sie so viele wie möglich in Ihr Notizbuch. Das Ziel dieser Übung liegt darin, Ihre Assoziationsgabe zu erweitern und zu zeigen, dass jedem Wort geistig ein bestimmter assoziierter Ort zugeordnet werden kann.

SPRUNG SECHZEHN ELEFANT KUSS LEITER
VATER UHR AUGUST HOTEL STURM

09 Imagination: der dritte Schlüssel

„Ich bin Künstler genug, um mich frei auf meine Vorstellungskraft zu stützen. Imagination ist wichtiger als Wissen. Wissen ist begrenzt. Imagination umgibt die Welt."

ALBERT EINSTEIN 1879–1955

Wenn Assoziation und Lokation jeweils die Maschine und die Landkarte der Erinnerung bilden, so bildet die Imagination oder Vorstellungskraft ihren Treibsstoff. Imagination ist nicht nur die Fähigkeit, mentale Bilder zu formen – sie ist die volle schöpferische Kraft des Geistes. Sie ist nicht nur Künstlern, Musikern und Dichtern vorenthalten, sondern eine Quelle, die uns allen zugänglich ist.

Die Imagination hängt mit der Aktivität der Theta-Gehirnwellen zusammen, die in den Traumphasen am höchsten ist. Kleinkinder und vor allem Babys zeigen jedoch auch in den Wachzeiten einen konstanten Zulauf dieser Frequenz, was ihre oft lebhafte Fantasie erklären könnte. Die Grenzen zwischen Wirklichkeit und Vorstellung sind oft verschwommen. So kann ein Teddybär zu einem lebendigen Spielkameraden werden und ein Spielzeug ein geheimes Eigenleben entwickeln.

Mit der Verantwortung und den Erwartungen, die mit dem Heranwachsen einhergehen, wird die einst freie Vorstellungskraft gedrosselt. Ich denke, es gibt eine direkte Beziehung zwischen der Menge an Stimulation, die ein Mensch als Kind erfahren hat, und seinem Grad des Widerstandes gegen neue Ideen im Erwachsenenalter.

Sie werden im Laufe dieses Buchs Ihre Imagination immer wieder üben und je mehr Sie üben, desto leichter wird es Ihnen fallen, gedächtnisformende Bilder, Ideen und Gedanken klar und schnell zu formulieren. Je lebendiger Ihre Imagination wird, desto stärker wird auch Ihr Gedächtnis werden: Sie müssen ihm nur erlauben, zum Spielen herauszukommen. Probieren Sie vorerst zum Aufwärmen folgende Übung, um die Grenzen Ihrer Fantasie auszudehnen.

ÜBUNG: Ihre Vorstellungskraft ausdehnen

Oft müssen wir uns Informationen merken, die an sich wenig Interessantes oder Bemerkenswertes bieten, wie z. B. die Haushaltsliste für den Tag. Nutzen wir allerdings unsere Fantasie, um das Bild des jeweiligen Postens, den wir uns merken wollen, auszuschmücken, dann können wir ihn aufregend und folglich einprägsam machen.

Stellen Sie sich vor, Sie müssen einen wichtigen Brief aufgeben. Als Erstes stellen Sie sich ein realistisches Kuvert vor. Verwandeln Sie dieses Bild, um es einprägsamer zu machen. Stellen Sie sich vor, wie Sie mit einem riesigen Kuvert die Straße entlang gehen. Das Kuvert ist mit hellblauen Sternen verziert. Fügen wir noch einige seltsame Dinge hinzu: Das Kuvert riecht nach Schokolade und tickt wie eine Uhr. Sie haben nun ein lebendiges visuelles Bild geschaffen und es durch die Dimension von Geruch und Laut bereichert. Zusätzlich zum Gesichtsinn noch zwei weitere Sinne anzusprechen, erhöht die Einprägsamkeit eines Postens ungemein.

10 Die Reise-Methode

Es ist nun an der Zeit, alle drei Schlüsselmethoden – Assoziation, Lokation und Imagination – zu kombinieren und diese als eine der leistungstärksten und vollständigsten Techniken zum Merken von Listen zu benutzen. Sie werden dabei alle bisher gelernten Fertigkeiten einsetzen: im Speziellen die Assoziation (Schritt 6) und die Verknüpfungs-Methode (Schritt 7). Ich habe diese Methode primär entwickelt, um Weltrekorde zu brechen. Sie war eine wichtige Waffe, um meine Gegner zu besiegen. Ich bezeichne sie als Reise-Methode und denke, Sie hilft Ihnen beim Schärfen Ihres Gedächtnisses.

Wählen Sie zuerst einen vertrauten Ort, wie Ihre Wohnung, Ihren Arbeitsplatz, Ihre Stadt oder einen Ihnen bekannten Park. Dahinter steckt die Idee einer kurzen Reise, die an einige Schauplätze oder Stationen führt. Diese Schauplätze werden verwendet, um die Posten, die Sie sich merken wollen, dort geistig abzulegen. Die Route, die Sie nehmen, wird die richtige Reihenfolge der Liste markieren.

Mit der Zeit werden Sie, wie ich, eine Lieblingsreise entwickeln, die Sie immer wieder anwenden können, um sich irgendwelche Informationen für den Alltagsgebrauch einzuprägen. Das heißt, Sie müssen nicht jedes Mal eine neue Reise entwickeln, um diese Technik anzuwenden, sondern Sie können Ihre schon bestehende Lieblingsreise leeren, um diese immer wieder mit neuen Informationen zu füllen.

Sollten Sie jedoch Informationen im Langzeitgedächtnis oder verschiedene Informationsgruppen im Kurzzeitgedächtnis speichern wollen, benötigen Sie mehrere Reisevarianten. Zum Beispiel arbeite ich mit mehreren Reisen, wenn ich mich für einen Weltrekord oder einen Gedächtnis-Wettbewerb vorbereite. Da wir die Reise-Methode in diesem Buch immer wieder anwenden werden, werde ich Ihnen genug Beispiele verschiedener Routen geben, damit Sie üben können, mit verschiedenen Reisen zu arbeiten. Auch ist es hilfreich, wenn der gewählte Ort in thematischem Zusammenhang mit der einzuprägenden Informationsgruppe steht. Einkaufsstatistiken etwa könnte ich mir anhand meines nahegelegenen Einkaufszentrums merken.

Ihr Haus oder Ihre Wohnung ist Ihnen wohl am vertrautesten. Nehmen wir daher ein einfaches Hausschema, um aufzuzeigen, wie Sie sich eine zehn Arbeiten umfassende Erledigungsliste merken könnten. Wählen Sie eine zehn Stationen umfassende Route in Ihrem Heim.

Verwenden Sie folgende zehn Schauplätze auf Ihrer Reiseroute durch das Haus:

1	***EINGANGSTÜR***	6	***TREPPENAUFGANG***
2	***DIELE***	7	***SCHLAFZIMMER***
3	***KÜCHE***	8	***BADEZIMMER***
4	***WOHNZIMMER***	9	***GÄSTEZIMMER***
5	***HAUSWIRTSCHAFTSRAUM***	10	***DACHBODEN***

Achten Sie darauf, dass Ihre Route eine logische Abfolge in Ihrem eigenen Zuhause ergibt: Sie werden wohl kaum von der Eingangstür direkt am Dachboden landen. Die Route soll als Wegweiser dienen, der Sie in der richtigen Reihenfolge mühelos durch alle Stationen führt.

Mir hilft es, beim Erstellen der Route die Augen zu schließen und mir vorzustellen, durch jeden Raum zu gleiten, und mir dort meine vertrauten Einrichtungsgegenstände vorzustellen. Dabei zähle ich jeden Reiseabschnitt mit den Fingern bis zur letzten Station mit.

Notieren Sie sich geistig die mittlere Station Ihrer Route. In diesem Fall markiert der fünfte Abschnitt, der Hauswirtschaftsraum, den „halben Weg".

Sobald Sie Ihre Reise vorbereitet haben und alle Stationen mühelos vorwärts und rückwärts auswendig wissen, können Sie beginnen, Ihre Listenposten entlang Ihrer Reiseroute abzulegen.

Lernen Sie nicht bewusst die Posten auf der Liste auswendig. Dies ist keine Gedächtnisübung, sondern eine Demonstration der Verbindung von Imagination und Assoziation mit der Lokation.

Sie müssen dazu nur ein geistiges Bild jeder Arbeit schaffen und dieses an Ihren jeweiligen Reiseschauplätzen vor sich sehen. Sie kön-

Wir werden als Beispiel die folgenden zehn Erledigungen nehmen:

1	***TIERARZT ANRUFEN***	6	***ANZUG AUS WÄSCHEREI***
2	***SONNENBRILLE REPARIEREN***	7	***BRIEFMARKEN KAUFEN***
3	***KUCHEN BACKEN***	8	***ÖLCHECK***
4	***TERMIN MIT BANKBERATER***	9	***STROMRECHNUNG ZAHLEN***
5	***GEBURTSTAGSGESCHENK***	10	***GLÜHBIRNE WECHSELN***

nen auch einige Werkzeuge zu Hilfe nehmen, um Ihre Fantasie zu beflügeln, wie etwa Übertreibungen, Farben, Komik und Bewegung. Sie können all Ihre Sinne – Sehen, Hören, Riechen, Schmecken und Tasten – ausschöpfen. Allerdings werden Sie auch viel Logik der linken Gehirnhälfte einsetzen, um die teils bizarren Bilder, die der rechten Gehirnhälfte entspringen, zu ergänzen. Bilden Sie die Szene, fixieren Sie diese geistig und gehen Sie zur nächsten Station weiter.

STOP 1 – Eingangstür

Stellen Sie sich in Ihrem Haus an die Eingangstür. Auf der Liste steht als Erstes *Tierarzt anrufen.* Stellen Sie sich vor, Sie öffnen die Eingangstür und finden auf Ihrer Türschwelle ein laut läutendes Telefon, auf dessen Hörer eventuell Ihre Katze sitzen könnte.

STOP 2 – Diele

Sie gehen nun in die Diele, bevor Sie zur zweiten Arbeit, *Sonnenbrille reparieren,* übergehen. Vielleicht ist die Diele so grell erleuchtet, dass Sie zum Schutz Ihrer Augen sofort nach der Sonnenbrille greifen. Es könnte auch die Tapete mit Sonnenbrillenornamenten verziert sein.

STOP 3 – Küche

In der Küche sehen Sie viele *Kuchen* säuberlich auf Ihrer Arbeitsfläche aufgereiht. Der Duft frischer Backwaren durchströmt die Küche. Es sind noch einige Kuchen im Backrohr – die müssen Sie herausholen, bevor sie kohlschwarz werden und verbrennen.

STOP 4 – Wohnzimmer

Beim Betreten Ihres Wohnzimmers bemerken Sie, dass Ihr *Bankberater* im Nadelstreifenanzug auf einem Ihrer Stühle sitzt und dabei Papiere als Vorbereitung auf Ihren Termin sortiert. Noch mehr Papiere sind über den Wohnzimmerboden verstreut. Stellen Sie sich die Szene vor Ihrem geistigen Auge vor.

STOP 5 – Hauswirtschaftsraum

Sie öffnen die Tür zu Ihrem Hauswirtschaftsraum und finden auf Ihrem frischen Wäscheberg ein riesiges *Geschenk*. Es ist in farbenfrohes, gemustertes Papier gewickelt und trägt eventuell eine große rosa Schleife. Denken Sie daran, die fünfte Station als „Halbzeit" Ihrer Reise zu markieren: Stellen Sie sich daher eine große, auf den Boden des Haushaltsraums gemalte 5 vor.

Jetzt sind Sie an der Reihe: Bilden Sie für die restlichen fünf Reisestationen Ihre eigenen Assoziationen, um dabei die letzten fünf Arbeiten mit den zugehörigen Räumlichkeiten zu verbinden. Dazu bilden Sie an jedem Schauplatz eine Szene, visualisieren diese und fügen zur Erinnerung lebhafte Details hinzu.

Station		Erledigung
TREPPENAUFGANG	➤	***ANZUG AUS WÄSCHEREI***
SCHLAFZIMMER	➤	***BRIEFMARKEN KAUFEN***
BADEZIMMER	➤	***ÖLCHECK***
GÄSTEZIMMER	➤	***STROMRECHNUNG ZAHLEN***
DACHBODEN	➤	***GLÜHBIRNE WECHSELN***

TEST: Die Reise-Methode

Wenn Sie alle drei Schlüssel der Erinnerung (Assoziation, Lokation und Imagination) eingesetzt haben, sollten Sie sich nun viele, wenn nicht alle zehn Arbeiten auf Ihrer Liste gemerkt haben. Schreiben Sie so viele Arbeiten als möglich in richtiger Reihenfolge in Ihr Notizbuch.

Auswertung: *Fünf Punkte für jede richtig zugeordnete Arbeit – notieren Sie das Ergebnis.*

Falls Sie Ihre Route gut genug kennen, werden Sie die Reihenfolge der Liste nicht durcheinander bringen. Sie könnten die Liste sogar rückwärts aufsagen. Dazu müssten Sie nur Ihre Reiseroute zurückwandern. Und wenn Sie eine Arbeit genau lokalisieren wollen, brauchen Sie nur an einer bestimmten Station einzusteigen. Wenn Sie die fünfte Station geistig markiert haben, können Sie von dort ganz leicht den vierten Listenposten orten: Er liegt nur eine Station davor. Wieviele dieser Fragen können Sie richtig beantworten? Schreiben Sie die Antworten auf.

1. ***Was ist nach dem Backen zu erledigen?***
2. ***Was müssen Sie vor dem Ölcheck erledigen?***
3. ***Was ist die zweite Arbeit auf Ihrer Erledigungsliste?***
4. ***Welche Arbeit liegt zwischen dem Geschenk und der Wäscherei?***
5. ***An der wievielten Stelle ist die Stromrechnung zu bezahlen?***

Auswertung: *Zehn Punkte für jede richtige Anwort.*

Gesamtergebnis: *Zählen Sie nun alle Punkte der Übung auf dieser Seite zusammen.*

Maximale Punkte: 100 *Ungeübte: 25+* *Geübte: 40+* *Meister: 85+*

11 Konzentration

Wir alle kennen Tage, an denen wir uns nur schwer konzentrieren können, sei es aus Stress oder Erschöpfung. An anderen Tagen sind wir leistungsfähig, wach, beherrscht und voller Energie. Sie kennen wohl den Ausdruck „in Bestform sein", der sich auch auf den mentalen Zustand von Hochleistungssportlern bezieht – etwa, wenn ein Tennisspieler seinen Gegner beim Grand Slam Finale schlägt. Worin besteht nun diese Bestform und steht Sie nicht uns allen offen?

Meine Arbeit in den letzten Jahren involvierte immer wieder das Messen der verschiedenen Frequenzen der elektrischen Gehirnaktivität mittels EEG (Elektroenzephalogramm). Wir erzeugen alle eine Reihe verschiedener Frequenzen – von langsamen Delta-Wellen, die mit Entspannung, Stresskontrolle und Schlaf verbunden sind, bis hin zu schnellen Beta-Wellen, die mit erhöhter geistiger Aktivität, Entscheidungsfindung und Problemlösung assoziiert werden. Diese unterschiedlichen Frequenzen haben alle bestimmte Funktionen und spielen eine positive Rolle in unserem Leben. Beta-Wellen befähigen uns etwa, die praktischen Anforderungen des Alltags zu bewältigen. Würden wir jedoch ständig nur diese Wellen erzeugen, hätten wir keine Zeit, um uns zu erholen, zu träumen oder uns etwas zu merken.

Beim Messen meiner eigenen Gehirnwellen bemerkte ich, dass ich eine Kombination von Alpha- und Theta-Wellen (mittlere Frequenzen) wiederhole oder abrufe, wenn ich gerade in Höchstform etwas lerne. Ich glaube, dass Sie die Erzeugung dieser Frequenzen durch regelmäßige Übung des Gedächtnisses trainieren können.

TIPPS: Ihre geistige Bestform erreichen

Diese Hinweise helfen Ihnen, die idealen Bedingungen für Ihre „mentale Bestform“ zu schaffen:

- Versuchen Sie täglich, Ihr Gedächtnis zu erweitern, indem Sie sich kleine Aufgaben suchen, wie das Auswendiglernen von Wortlisten, Zahlenfolgen oder von praktischen Daten, wie etwa den Namen der Leute, die Sie kürzlich – beruflich oder privat – kennengelernt haben. Sie können die Übungsbeispiele aus diesem Buch verwenden – wiederholen Sie sie so oft Sie wollen oder verwenden Sie sie als Vorlagen für neu erfundene Übungen.

- Bevor Sie anfangen, Informationen zu lernen oder abzurufen, achten Sie darauf, körperlich entspannt zu sein. Setzen Sie sich in einen ruhigen Raum ohne visuelle Ablenkung. Falls sie lieber mit Geräuschkulisse arbeiten, hören Sie sanfte klassische Musik – vermeiden Sie wildere Musik wie Jazz oder Hard Rock. Bedenken Sie, Sie suchen einen mittleren Frequenzbereich zwischen schnellen und langsamen Gehirnwellen.

- Beruhigen Sie Ihren Geist. Schließen Sie die Augen und beschwören Sie eine angenehme Szene herauf, etwa Ihren bevorzugten Urlaubsort oder einen stillen Moment. Dies fördert die Produktion von Alpha- und Theta-Wellen.

- Probieren Sie beim Wiederholen und Abrufen von gelernten Daten, die Augen zu schließen. Das verstärkt die Kurve der Theta-Wellen.

- Machen Sie regelmäßig Körperübungen, um Ihrem Hirn Sauerstoff zuzuführen.

12 Die Sprache der Zahlen

Wie gut ist Ihr Zahlengedächtnis? Vielleicht erinnern Sie sich gut an Telefonnummern und PINs (Persönliche Identifikationsnummern), können sich jedoch keine Geburtstage und Jahreszahlen merken.

Wir sind mehr denn je mit Zahlen umgeben und es wird zunehmend von uns erwartet, dass wir uns diese in verschiedener Form merken: als PINs für Handys und Kreditkarten, Zugangskodes für unser Büro, die Parkgarage und Internetkonten. Zahlen sind allgegenwärtig: Telefonnummern, Maßeinheiten, Bankberichte, Bevölkerungsstatistiken, Wahlergebnisse und so fort. Wäre es nicht fantastisch, wenn wir all diese Zahlen zum sofortigen und verlässlichen Abruf abspeichern könnten?

Ich selbst habe kein angeborenes Talent, mir Zahlen zu merken, doch ich habe ein trainiertes Gedächtnis, welches mir erlaubt, mir eine Zahlenkette von etwa 2.000 Ziffern in einer Stunde einzuprägen. Wie ist das möglich?

Ich ordne Zahlen einen bestimmten Kode zu, der diese in bedeutungsvolle, einprägsame Bilder übersetzt. Das bezeichne ich als die Sprache der Zahlen.

Später in diesem Buch werde ich Ihnen eine noch raffiniertere Technik zur Zahlenerinnerung vorstellen – das Dominic-System, welches eine extrem wirksame Methode darstellt, um sich mehrstellige Zahlen zu merken. Die einfachere Zahlenform-Methode ist jedoch eine exzellente Art, sich kurze Zahlenketten wie Telefonnummern, vierstellige PINs, Kalender- bzw. Jahreszahlen usw. zu merken.

DIE ZAHLENFORM-METHODE

Die Zahlenform-Methode beruht darauf, einstellige Zahlen einem Bild zuzuordnen, das ihrer Form ähnelt. So besitzt die Zahl 8 mit etwas Fantasie die Form eines Schneemanns. Um mir zu merken, dass Sauerstoff die atomare Ordnungszahl 8 hat, stelle ich mir einen Schneemann mit Sauerstoffmaske vor.

Die Zahl 6 hat die Form eines Elefantenrüssels, die Zahl 7 die Form eines Bumerangs. Um sich zu merken, dass Sie den Bus Nummer 67 nehmen müssen, stellen Sie sich einen Elefanten an der Busstation vor, der mit seinem Rüssel einen Bumerang schleudert – ein sicherlich unwahrscheinliches, dafür jedoch unvergessliches Spektakel. Plötzlich erwachen die Zahlen zum Leben. Sie werden beweglich, erhalten eine einzigartige Bedeutung und sind daher sofort einprägsamer.

Nehmen wir ein anderes Beispiel. Wie würden Sie sich die PIN 1580 merken? Sie könnte z. B. eine Bankomat-Kennzahl sein. In diesem Fall könnten Sie die Szene in Ihrer Bank spielen lassen. Stellen Sie sich vor, Sie betreten Ihre Bank mit einem riesigen Bleistift (eine Zahlenform für 1) – vielleicht um einen Geschäftsplan zu umreißen. In der Bank stellt sich gerade ein Seepferdchen (eine Zahlenform für 5) am Schalter an. Hinter dem Schalter steht ein Schneemann (eine Zahlenform für 8), der auf seinem Kopf einen Fußball (eine Zahlenform für 0) balanciert. Denken Sie die Szene einige Male durch und Sie sollten den PIN-Kode nie mehr vergessen.

HILFSMITTEL: Ein Bilderlexikon

Welche Formen und Gegenstände rufen einstellige Zahlen in Ihnen hervor? 0 – einen Ball; 9 – einen Luftballon an einer Leine? Werfen Sie einen Blick auf diese Beispiele. Merken Sie sich die Zuordnungen oder bilden Sie Ihre eigenen Zahlenformen.

0 = BALL, RING ODER RAD

1 = BLEISTIFT, KERZE ODER RAKETE

2 = SCHWAN ODER SCHNECKE

3 = LIPPEN ODER HANDSCHELLEN

4 = FAHNE MIT MAST ODER SEGEL AM BOOT

5 = SEEPFERDCHEN ODER S-FÖRMIGER HAKEN

6 = ELEFANTENRÜSSEL ODER GOLFSCHLÄGER

7 = BUMERANG ODER KLIPPE

8 = SCHNEEMANN ODER EIERUHR

9 = MONOKEL ODER LUFTBALLON MIT LEINE

ÜBUNG: Zahlenform-Gedächtnisübung

Eventuell haben Sie bemerkt, dass ich in den Beispielen auf Seite 41 die Zahlenformen mittels der Verknüpfungs-Methode (Schritt 7) verkettet habe. Zur Erinnerung: Die Verknüpfungs-Methode besteht darin, ein Objekt an das andere zu reihen, indem man eine künstliche Beziehung zwischen den zwei Begriffen schafft.

Versuchen Sie sich diese 20-stellige Zahl mit Hilfe des Zahlenform-Systems zu merken. Dazu verwandeln Sie jede Zahl in ihre zugehörige Form (meine oder Ihre selbst gewählte Zahlenform) und reihen Sie alle mit der Verknüpfungs-Methode aneinander. Als Einstieg stelle ich mir vor, einen Bumerang auf einen Luftballon an einer Schnur zu werfen. Setzen Sie die Geschichte mit einem Fußball und so weiter fort.

7 9 0 4 6 2 1 3 5 8 5 9 9 4 0 1 3 2 7 6

Sie sollten nun eine Geschichte erfunden haben, die aus 20 verknüpften Zahlenformen besteht und mit einem Bumerang oder einer Klippe beginnt und mit einem Elefantenrüssel oder Golfschläger endet. Schreiben Sie nun die 20 Zahlen aus dem Gedächtnis der Reihe nach in Ihr Notizbuch.

Auswertung: *Einen Punkt für jede Ziffer in durchgehend richtiger Reihenfolge.*

Maximale Punkte: 20 *Ungeübte: 4+* *Geübte: 8+* *Meister: 18+*

13 Die Zahlenreim-Methode

Eine Alternative zu den Zahlenformen ist die Zahlenreim-Methode. Dabei wird das Merkbild für eine Zahl aus einem Reim abgeleitet. So reimt sich zum Beispiel *Stier* auf *Vier*. Daher wird der Stier dann zum Merkbild für jegliche Information, die die Zahl Vier enthält.

Nehmen wir an, Sie müssen einen Flug am Terminal 4 erreichen. Stellen Sie sich vor, auf einem Stier durch den Flughafen zu reiten. Das allein garantiert, dass Sie sicher den richtigen Terminal nehmen.

Wie könnten Sie sich merken, dass Sie zwei Kilo Äpfel kaufen müssen? Nun, *Ei* reimt sich auf *Zwei*. Stellen Sie sich vor, dass im Kaufhaus plötzlich Äpfel aus einem riesigen Ei schlüpfen. Um die Merkbilder von *Zwei* und *Drei* nicht zu verwechseln, könnten Sie für *Zwei* nur einsilbige und für *Drei* zweisilbige Reimwörter, wie *Abtei*, verwenden.

Sie finden hier einige Reimvorschläge für alle zehn Ziffern. Es kann und muss sich nicht immer ein „reiner" Reim sein – so reimt sich, wie aus Kinderreimen bekannt, auch *Rüben* auf *Sieben* und *Scheun'* auf *Neun* oder auf *Neune* auch *Zäune* und – der Zweck heiligt die Mittel.

Zahlen und ihre Reimwörter

0 = *MULL, STUHL*	**5 = *STRÜMPF'***
1 = *HEINZ, MAINZ*	**6 = *HEX'* oder *GEWÄCHS***
2 = *EI, BREI, BLEI* oder *MAI*	**7 = *GRIEBEN* oder auch *RÜBEN***
3 = *ARZNEI, ABTEI* oder *GEWEIH*	**8 = *NACHT* oder *YACHT***
4 = *STIER, BIER* oder *TIER*	**9 = *SCHEUN'* oder *ZÄUN(E)***

ÜBUNG: Zahlenreime

Verwenden Sie Zahlenreime, um sich folgende Fakten zu merken:

1 ***Die Zahl der Weltbevölkerung liegt bei etwa zwei Milliarden.***
2 ***Das Gehirn wiegt etwa zwei Prozent des Körpergewichts.***
3 ***Australien hat sieben Bundesstaaten.***
4 ***Eine Ameise hat fünf Nasen.***
5 ***Königin Viktoria von England hatte neun Kinder.***
6 ***Ein neugeborenes Kamel hat null Buckel.***
7 ***Vier Planeten sind größer als die Erde.***
8 ***Es gibt drei Große Pyramiden von Gizeh.***

Decken Sie nun den oberen Teil der Seite zu und testen Sie, wie viele der Fragen Sie beantworten können. Schreiben Sie die Antworten in Ihr Notizbuch:

1 ***Wie viele Buckel hat ein neugeborenes Kamel?***
2 ***Wie hoch ist die Welbevölkerungszahl auf Milliarden geschätzt?***
3 ***Wie viele Nasen hat eine Ameise?***
4 ***Wie viele Planeten unseres Sonnensystems sind größer als die Erde?***
5 ***Wie viele Bundesstaaten hat Australien?***
6 ***Wie viele Kinder bekam Königin Viktoria von England?***
7 ***Wie viele Große Pyramiden gibt es bei Gizeh?***
8 ***Wie viel Prozent des Körpergewichts macht das Gehirn aus?***

Auswertung: *Zehn Punkte für jede richtige Antwort.*

Maximale Punkte: 80 *Ungeübte: 40+* *Geübte: 60+* *Meister: 80*

14 Die Alphabet-Methode

Ich musste mir einst beruflich das phonetische Lautalphabet der NATO aneignen. Dazu verwendete ich die Reise-Methode (siehe Schritt 10). Die Reise ist eine exzellente Gedächtnishilfe, die uns erlaubt, Informationen rasch in Form von symbolischen Bildern entlang einer geplanten Route der Reihe nach abzuspeichern. Bald musste ich nicht mehr auf die Reise zurückgreifen, da ich das Alphabet durch seine ständige Verwendung fix im Langzeitgedächtnis gespeichert hatte.

Das Lautalphabet ist jedoch an sich eine wundervolle Gedächtnisstütze. Ich ersetze automatisch alle einzelnen Buchstaben in einer Kette durch Ihre symbolische Entsprechung. So merke ich mir den Zufallskode *Z G H* als *Zulu*, der einen *Golf*ball auf ein *Hotel* wirft. Das Alphabet stellt eine gute Alternative zur Reise-Methode dar, da es ein fertig geordnetes Ablagesystem für 26 Informationseinheiten, wie beispielsweise 26 Komponisten, Künstler und Dichter, darstellt.

Hier ist die Liste des NATO-Lautalphabets:

ALPHA	HOTEL	OSCAR	VICTOR
BRAVO	INDIA	PAPA	WHISKEY
CHARLIE	JULIET	QUEBEC	X-RAY
DELTA	KILO	ROMEO	YANKEE
ECHO	LIMA	SIERRA	ZULU
FOXTROTT	MIKE	TANGO	
GOLF	NOVEMBER	UNIFORM	

ÜBUNG: Anwendung der Alphabet-Methode

Verwenden Sie anfänglich die Reise-Methode (Schritt 10) und erfinden Sie dazu eine 26 Stationen umfassende Route, um das Lautalphabet zu lernen. Legen Sie jedes Bild, das Sie einem Buchstaben zuordnen, auf den Reisestationen ab. Sie könnten als Erstes ein Gorilla-*Alpha*männchen sehen, dann an zweiter Stelle einen Tenor, dem das Publikum *Bravo* zujubelt, bis ein *Zulu*krieger die 26-teilige Reise beendet.

Wiederholen Sie die Reise, bis Sie alle 26 Buchstaben in Ihrer Symbolform vorwärts und rückwärts in- und auswendig können. Jedes Bild muss so tief verwurzelt sein, dass es Ihnen sofort einfällt und Sie nicht mehr die Reise durchgehen müssen, um sich an den Lautbuchstaben und das zugehörige Bild zu erinnern.

Verbinden Sie nun mit der Verknüpfungs-Methode (Schritt 7) diese zehn Buchstaben in der richtigen Reihenfolge. Verwenden Sie die von Ihnen für die Alphabet-Methode geschaffenen und gelernten Bilder. Schreiben Sie die Buchstabenkette auf.

P N U S J M E V M S

Auswertung: *Zehn Punkte für jeden Buchstaben in richtiger Reihenfolge, ohne Fehler.*
Maximale Punkte: 100 Ungeübte: 30+ Geübte: 60+ Meister: 90+

Sie kennen nun die Reihenfolge der Planeten, angefangen bei dem, der am weitesten von der Sonne entfernt ist:

PLUTO NEPTUN URANUS SATURN JUPITER
MARS ERDE VENUS MERKUR SONNE

Kapitel 2

Gedächtnisaufbau

- *Schritt 15* **Wie man sich Namen und Gesichter merkt**
- *Schritt 16* **Wie man sich Richtungsangaben merkt**
- *Schritt 17* **Wie man sich Regeln zur Rechtschreibung merkt**
- *Schritt 18* **Wie man sich Länder und deren Hauptstädte merkt**
- *Schritt 19* **Eine Fremdsprache lernen**
- *Schritt 20* **Wie man sich an seine Vergangenheit erinnert**
- *Schritt 21* **Wie man sich das Periodensystem merkt**
- *Schritt 22* **Das deklarative Gedächtnis stärken**
- *Schritt 23* **Das Dominic-System I**
- *Schritt 24* **Wie man sich Witze merkt**
- *Schritt 25* **Wie man sich Geschichten merkt**
- *Schritt 26* **Schneller lesen und mehr behalten**
- *Schritt 27* **Wie man sich Zitate merkt**
- *Schritt 28* **Mind Maps®**
- *Schritt 29* **Wie man sich Reden und Präsentationen merkt**
- *Schritt 30* **Die Kunst der Wiederholung**

In Kapitel 1 haben Sie die Leistung Ihres ungeübten Gedächtnisses evaluiert. Des Weiteren haben Sie die Schlüsselprinzipien und -fertigkeiten des Gedächtnistrainings gelernt: Das sind die grundlegenden Werkzeuge in Ihrem Erinnerungswerkzeugkasten. In diesem Kapitel werden wir den Einsatz dieser Werkzeuge – Assoziation, Imagination, die Verknüpfungs- und die Reise-Methode etc. – üben, indem wir diese beim Auswendiglernen von Informationen, wie etwa bei der Rechtschreibung (Schritt 17) und dem Erlernen von Hauptstädten (Schritt 18) anwenden. Sie werden bald merken, wie vielseitig anwendbar diese Techniken sind. Sie werden sie in vielen Alltagssituationen hilfreich finden, zum Beispiel, wenn Sie Gesichtern Namen zuordnen müssen (Schritt 15), sich Richtungsangaben merken müssen, wenn Sie nach dem Weg fragen (Schritt 16) oder um sich an Witze zu erinnern (Schritt 24).

Ich werde Ihnen auch neue Techniken vorstellen, wie das von mir entwickelte Dominic-System (Schritt 23), um sich längere Zahlenfolgen zu merken. Dabei assoziiert man alle zweistelligen Zahlen von 00 bis 99 mit einer Person. Keine Angst, wir werden hier vorerst nur mit den ersten 20 Zahlen von 00 bis 19 anfangen. Die begleitenden Übungen und Tests werden Ihnen zeigen, wie sich Ihr Gedächtnis mit jedem Schritt verbessert.

15 Wie man sich Namen und Gesichter merkt

> „Vergebt euren Feinden, aber vergesst niemals ihre Namen."
>
> *JOHN F. KENNEDY (1917–1963)*

Von allen Sorgen, die Menschen mit mir über Ihr Gedächtnis geteilt haben, ist die größte, Gesichtern nicht den richtigen Namen zuordnen zu können. Wir Menschen haben einen eingebauten Mechanismus, um Gesichter wiederzuerkennen (dies mag ein evolutionäres Überbleibsel aus jener Zeit sein, wo wir Freunde von Feinden unterscheiden mussten). Wenn es uns so leicht fällt, uns an Gesichter zu erinnern, warum fällt es vielen so schwer, sich die dazugehörigen Namen zu merken? Darauf gibt es eine sehr einfache Antwort: Unsere Namen *beschreiben* nicht unsere Gesichter.

Mein Vorname ist Dominic, doch das hilft Ihnen nicht, sich mein Gesicht vorzustellen. Und mein Nachname macht es nicht einfacher, da ich ihn – O'Brien – mit zehntausend anderen auf der Welt teile. Versuchen Sie, sich hundert Menschen in einem Raum zu merken, die einfach Thomas, Maria, Michael oder Karin heißen.

EINEM GESICHT EINEN ORT ZUORDNEN

Welche Methode ist am wirksamsten, um den jedem von uns bekannten Moment auf einer Party zu vermeiden, wenn Sie eine halbe Minute, nachdem Sie jemandem vorgestellt wurden, wiederum fragen müssen: „Entschuldigen Sie, wie war Ihr Name nochmal?" Das Wichtigste ist, dass wir dazu neigen, eine Person einem bestimmten Ort zuzuordnen. Denken Sie daran, wenn Sie jemanden auf der Straße treffen, dessen Gesicht Ihnen bekannt vorkommt, dessen Name Ihnen jedoch entfallen ist. Was ist das Erste, was Sie tun, beim Versuch, sich an diese Person zu erinnern? Sie fragen sich: „Woher kenne ich diesen Menschen?“ Es ist nämlich der Ort, der den größten Teil der Erinnerungen an diese Person freigeben wird – so hoffentlich auch den Namen.

Einen Trick, den ich anwende, um mir Leute gleich beim ersten Mal zu merken, ist, ihnen einen Ort zuzweisen. Dabei frage ich mich, wo ich mir diese Person gut vorstellen könnte. Nehmen wir an, Sie lernen auf einer Feier eine Dame kennen, von der Sie finden, sie sähe aus wie eine Bibliothekarin. Vielleicht macht sie eine gelehrige Miene. Sie haben Ihr nun einen Ort zugeordnet. Sie erfahren, dass sie „Senta“ heißt. Nun denken Sie an jemanden, der Senta heißt (eine Verwandte, Bekannte, Schauspielerin oder wer auch immer) und stellen sich diese in Ihrer lokalen Bücherei vor. Z. B. ist die erste Senta, die Ihnen einfällt, die Schauspielerin Senta Berger. Also stellen Sie sich vor, dass sie in der Bücherei arbeitet. Das nächste Mal, wenn Sie diese Frau sehen, werden Sie sich folgendermaßen an ihren Namen erinnern können:

GESICHT ➤ BIBLIOTHEK ➤ BERGER-SZENE ➤ SENTA

Dies mag als langer Prozess erscheinen, um Gesichter mit Namen zu verknüpfen, bedenken Sie jedoch, dass Ihr Gehirn sich blitzartig an Informationen erinnert, wenn es sich an einer Assoziationskette orientieren kann.

FOKUS AUF DIE GESICHTSZÜGE

Wenn ich einen Menschen mit besonders markanten Gesichtszügen kennenlerne, finde ich es manchmal leichter, seinen Namen anstatt mit einem Ort direkt mir seiner körperlichen Erscheinung zu verknüpfen. Wenn Sie zum Beispiel einem Mann namens Andreas Fogel vorgestellt werden, der eine Hakennase (ähnlich einem Vogelschnabel) hat, dann verbinden Sie seinen Namen mit seinem Gesicht. Ihr Gehirn kann noch eine weitere Verbindung bilden. Andreas fängt mit dem gleichen Anfangsbuchstaben an wie Adler: Adler – Vogel.

Ich finde, die beste Art, sich komplizierte Nachnamen zu merken, besteht darin, diese in Silben zu zerlegen und sie dann in Bilder zu verwandeln. Namen müssen wie Zahlen in Bilder übersetzt werden, damit unser Verstand Sie verdauen kann. Unser Verstand lebt davon, Verbindungen aufzubauen. Wenn wir mit einem Namen konfrontiert werden, der kein Gesicht darstellt, muss eine künstliche Verknüpfung zwischen den beiden hergestellt werden.

Folgende Übung gibt Ihnen die Möglichkeit, die Wendigkeit Ihres Verstandes beim Verknüpfen auszuprobieren. Sie können dazu alle hier beschriebenen Techniken einsetzen: eine Person einem Ort zuordnen, körperliche Ähnlichkeiten identifizieren oder auffallende Namens- oder Gesichtsmerkmale zur Assoziation verwenden und so einprägsame Bilder schaffen. Wie können Sie sich etwa Maria Hutter merken? „Hutter" erinnert mich an „Hut", daher stelle ich mir Maria Hutter mit einem prächtigen Hut vor, unter dem ihre Zöpfe hervorgucken. Mir fallen ihre roten Wangen auf, daher stelle ich mir vor, sie sei beim Singen des Liedes „Maria" aus der *West Side Story* zart errötet.

ÜBUNG: Namen Gesichtern zuordnen

Bilden Sie Beziehungen zwischen diesen zehn Gesichtern und Namen:

MARIA HUTTER

PETER REHLING

ALFONS WACHFELD

GABRIELE MÜLLER

PAULA TULPE

THOMAS ALONSO

CHRISTA FÜRST

MANFRED AUERBÖCK

WILLI BALDASTI

THERESIA KORHER

Decken Sie nun die oberen Gesichter ab und versuchen Sie, denselben zehn Gesichtern in anderer Anordnung die richtigen Namen zuzuordnen.

Auswertung: *Fünf Punkte für jeden richtigen Vornamen und Nachnamen.*

Maximale Punkte: 100 Ungeübte: 20+ Geübte: 50+ Meister: 80+

16 Wie man sich Richtungsangaben merkt

Kommt Ihnen folgende verzwickte Lage bekannt vor? Sie befinden sich in unbekannter Umgebung und sind für einen Termin spät dran. Sie fragen einen Passanten nach dem Weg und müssen sich dann auf Ihr Gedächtnis verlassen, da Sie kein Schreibzeug zur Hand haben. Der Passant bombardiert Sie mit einer Reihe von Richtungsanweisungen. Sie wissen, dass Sie diese vergessen werden, wenn Sie sie nicht einige Male hören. Doch Sie haben keine Zeit und hoffen darauf, sich die Wegbeschreibung zu merken, um Ihren Bestimmungsort zu erreichen. Es ist allerdings naheliegend, dass Sie einige Straßen weiter wieder jemanden um Hilfe bitten müssen.

Wenn Sie jedoch eine einfache Erinnerungstechnik anwenden, brauchen Sie eine Wegbeschreibung nur ein Mal zu hören. Stellen wir uns vor, Sie haben sich in einer österreichischen Stadt verirrt und ein freundlicher Fußgänger gibt Ihnen folgende Wegbeschreibung:

Beispiel für eine Wegbeschreibung:

1	***NEHMEN SIE DIE ZWEITE STRASSE LINKS ZUR SINGERSTRASSE.***
2	***BIEGEN SIE BEIM DOM LINKS IN DIE KÄRNTNER STRASSE EIN.***
3	***GEHEN SIE DIE NÄCHSTE QUERGASSE NACH RECHTS.***
4	***FOLGEN SIE DEN STRASSENSCHILDERN ZUR KUNSTGALERIE.***
5	***BEI DER ZWEITEN AMPEL GEHEN SIE LINKS.***
6	***BEIM „THEATERBÜRO" GEHEN SIE LINKS ZUM RING.***
7	***DORT SUCHEN SIE EIN DUNKLES GEBÄUDE, MIT DER NUMMER 8.***

Auf den ersten Blick könnte diese Beschreibung zu viele Informationen enthalten, um sie sich auf einmal zu merken. Falls Sie jedoch bis jetzt die Übungen in diesem Buch gemacht haben, sollten Sie sich auf Ihr Gedächtnis verlassen können, vor allem, wenn es sich wie hier nur um sieben Informationseinheiten handelt.

Ich gehe mit Wegangaben folgendermaßen um: Ich betrachte sie sozusagen als Einkaufsliste und verwende die Reise-Methode, um sie rasch zu speichern. Natürlich benötigen Sie dafür eine fertige Reise.

Da es sieben einzelne Richtungsanweisungen sind, benötigen Sie eine kurze Reise, die sieben Orte umfasst, wo Sie die Informationen ablegen können. Sie können dafür Ihre bevorzugte Urlaubsdestination als Hintergrundkulisse der Reise wählen.

Beispiel einer Reise durch eine beliebte Urlaubsdestination	
1	***HOTELEINGANG***
2	***EMPFANGSHALLE***
3	***FAHRSTÜHLE***
4	***RESTAURANT/REZEPTION***
5	***TISCH AM FENSTER***
6	***BALKON***
7	***SCHWIMMBECKEN***

ÜBUNG: Sich Wegbeschreibungen merken

Sobald Sie eine sieben Schauplätze umfassende Reise fertig haben, sind sie bereit, die Wegangaben zu speichern.

Achten Sie darauf, sich auf den ersten Schauplatz Ihrer Reise zu begeben, bevor Sie sich die Anweisungen einprägen. Werfen wir einen Blick darauf, wie ich die ersten paar Abschnitte dieser Reise sehen würde. Ich würde zuerst mich selbst am Eingang des Hotels platzieren:

ERSTER ORT	***ERSTE RICHTUNGSANGABE***
Hoteleingang	***Nehmen Sie die zweite Straße links zur Singerstraße***

▼

Es gibt keine strikten Regeln, welche Methode Sie nehmen, um Zahlen und Worte in Bilder zu fassen. Ich tendiere zu Zahlenformen (siehe Schritt 12), wenn eine einstellige Zahl vorkommt, wie die „zweite Straße links".
Daher stelle ich mir links neben dem Hoteleingang einen Schwan (Zahlenform für 2) vor, der singt (Singerstraße).

ZWEITER ORT	***ZWEITE RICHTUNGSANGABE***
Empfangshalle	***Biegen Sie beim Dom links in die Kärntner Straße ein.***

In der Hotelhalle befinden sich Werbeplakate, die historische Kirchen und Dome der Region zeigen. Links neben der Rezeption steht ein Kärntner in grauem Trachtenanzug, der einen Anhaltspunkt für den Straßennamen darstellt.

DRITTER ORT	***DRITTE RICHTUNGSANGABE***
Fahrstühle	***Gehen Sie die nächste Querstraße nach rechts.***

Um mir zu merken, dass ich rechts gehen muss, nehme ich den rechten Lift.

VIERTER ORT	***VIERTE RICHTUNGSANGABE***
Restaurant/Rezeption	***Folgen Sie den Schildern zur Kunstgalerie.***

Am Empfangstisch des Restaurants stelle ich mir den Oberkellner dabei vor, wie er eine Gemäldesammlung an der Wand über dem Tisch bewundert.

FÜNFTER ORT	***FÜNFTE RICHTUNGSANGABE***
Tisch beim Fenster	***Bei der zweiten Ampel gehen Sie links.***

Ich stelle mir auf der Mitte des Tisches eine Ampel vor. Ein Schwan fliegt über diese hinweg und links davon durch das offene Fenster hinaus.

Nun sind Sie an der Reihe. Setzen Sie die Reise fort, indem Sie eine Verbindung zwischen den restlichen zwei Reiseabschnitten und den zwei Richtungsangaben herstellen. Kombinieren Sie eventuell Ihre Endszene am Schwimmbecken mit der Zahlform für 8: einem Schneemann. Denken Sie kurz nochmal an alle Etappen Ihrer Reise, um sicher zu sein, sich alle Szenen gemerkt zu haben. Schreiben Sie diese dann auf.

Auswertung: *Zehn Punkte für jede richtige Wegangabe vor dem ersten Fehler.*

Maximale Punkte: 70 | *Ungeübte: 20+* | *Geübte: 40+* | *Meister: 60+*

17 Wie man sich Regeln zur Rechtschreibung merkt

Sobald ich zweimal überlegen muss, wie ich ein oft falsch geschriebenes Wort buchstabieren soll, verlasse ich mich auf eine Gedächtnishilfe, die ich schon verwendet habe, als ich erstmals mit dem Dilemma der Rechtschreibung konfrontiert wurde. Ich weiß zum Beispiel, dass ich *separat* nie wieder in seiner oftmals falschen Form *seperat* schreiben werde, da ich an einen *Para*-Glider denke, der in der Mitte des Wortes landet und dieses in zwei separate Hälften teilt: *se para.*

ÜBUNG: Richtige Schreibung von Wörtern erkennen

Sie finden hier zum Anreiz eine Auswahl einiger häufig falsch geschriebener Wörter. Falsche und richtige Wörter sind über beide Spalten verstreut. Können Sie die korrekten Wörter identifizieren?

ABENDTEUER	ABENTEUER
AUTHORITÄT	AUTORITÄT
BRILLANT	BRILLIANT
DETAILIERT	DETAILLIERT
MOMENTO	MEMENTO
SERIÖSITÄT	SERIOSITÄT
STANDART	STANDARD
STEHGREIF	STEGREIF
VORAUS	VORRAUS
WIDERSPIEGELN	WIEDERSPIEGELN

Kontrollieren Sie Ihre Angaben anhand der Liste, um zu sehen, wie viele Wörter Sie korrekt erkannt haben.

MEMENTO	WIDERSPIEGELN
DETAILLIERT	VORAUS
BRILLANT	STEGREIF
AUTORITÄT	STANDARD
ABENTEUER	SERIOSITÄT

Auswertung: *Zehn Punkte für jedes richtig erkannte Wort.*

Maximale Punkte: 100 *Ungeübte: 10+* *Geübte: 50+* *Meister: 100*

Der Trick liegt darin, nach Verbindungen von bestimmten Buchstabenfolgen und deren Bedeutung zu suchen. Dann benützen Sie Ihre Visualisierungs- und Assozationsgabe, um diese Verbindung erinnerbar zu machen. So verheißt ein teurer Abend noch lange kein *Abenteuer.* Und ein Mime, der spontan schauspielen kann, kann man sich als *steg-reifen* Spaßvogel vorstellen, aber sicher nicht als Steh-Greif.

Das Prinzip, nach dem das Gedächtnis funktioniert, ist die Assoziation. Irgendwo findet sich in jedem Wort eine Verbindung, die Sie zwischen seiner Schreibung und Bedeutung bilden können.

Falls Sie bei der vorangegangenen Wortliste nicht besonders gut abgeschnitten haben, sollten Sie die zehn Wörter nochmals durchlesen. Halten Sie nach noch so kleinen Verbindungspunkten Ausschau,

18 Wie man sich Länder und deren Hauptstädte merkt

In den Schritten 3 und 4 haben wir gelernt, wie wir die Mnemotechnik zum Merken der Reihenfolge von Gitarrenseiten bis hin zur Ordnung der neun Planeten einsetzen können. (Wissen Sie diese noch?) Es folgt daraus, dass wir Mnemotechniken auch einsetzen können, um uns ein ganzes Spektrum geographischer Fakten zu merken. Hätte man mich schon zu Schulzeiten in die Welt der Gedächtniskunst eingeweiht, hätte ich das Lernen viel mehr genossen.

Hätte mir mein Erdkundelehrer nur gesagt, dass man sich anhand der Form Australiens schon seine Hauptstadt Canberra merken kann. Die Form Australiens ähnelt nämlich einer Kamera, was so ähnlich klingt wie Canberra.

Hätte ich die Himmelsrichtungen mit dem Satz *Nie Ohne Seife Waschen* gelernt und gemerkt, dass in Norden schon das O für oben und in Süden das U für unten steckt, hätte ich geographische Koordinaten schneller verstanden.

Assoziative Lernhilfen sind ein wunderbarer Weg, die Plackerei sturen Auswendiglernens hinter sich zu lassen, da Sie zwischen Informationen Verbindungen herstellen, die leicht nachvollziehbar und auch später einfach abrufbar sind. Es scheint, als könnte man das Kurzzeitgedächtnis umgehen und die Daten direkt ins Langzeitgedächtnis überführen, wo sie durch bildhafte Verknüpfungen verankert werden.

ÜBUNG: Länder und Hauptstädte

Werfen Sie einen Blick auf die Paare der Liste und versuchen Sie, mittels Ihrer Fantasie und bildlichen Vorstellungskraft eine Verbindung zwischen dem jeweiligen Land und seiner Hauptstadt herzustellen. Ich habe bewusst allzu vertraute Länder weggelassen, um diese Übung zu einer größeren Herausforderung zu machen.

Um mir zu merken, dass Tallinn die Hauptstadt von Estland ist, stelle ich mir vor, Ester, eine Bekannte, in einem Tal am Inn zu treffen. Wenn ich das Wort Estland sehe, so wird mich der Name Ester über meine geistige Inntalautobahn direkt über Tal-Inn nach Tallinn führen. Denken Sie daran, was Sie brauchen, ist ein Auslöser, der Ihnen hilft, die Daten abzurufen. Ihre Bilder müssen keine exakten Gegenstücke sein.

LAND	HAUPTSTADT
ANGOLA	***LUANDA***
DIE BAHAMAS	***NASSAU***
BULGARIEN	***SOFIA***
COSTA RICA	***SAN JOSÉ***
ESTLAND	***TALLINN***
FIDSCHI	***SUVA***
MAROKKO	***RABAT***
OMAN	***MASKAT***
KATAR	***DOHA***
SAMBIA	***LUSAKA***

Fortsetzung der Übung

Finden Sie nun heraus, wie wirkungsvoll Ihre Verbindungen waren. Schreiben Sie die Antworten in Ihr Notizbuch:

1 ***Wie heißt die Hauptstadt von Fidschi?***
2 ***Von welchem Land ist Lusaka die Hauptstadt?***
3 ***Was ist die Hauptstadt von den Bahamas?***
4 ***Was ist die Hauptstadt von Katar?***
5 ***Von welchem Land ist Tallinn die Hauptstadt?***
6 ***Von welchem Land ist Maskat die Hauptstadt?***
7 ***Was ist die Hauptstadt von Angola?***
8 ***Von welchem Land ist San José die Hauptstadt?***
9 ***Was ist die Hauptstadt von Bulgarien?***
10 ***Von welchem Land ist Rabat die Hauptstadt?***

Auswertung: *Zehn Punkte für jede richtige Antwort.*

Maximale Punkte: 100 Ungeübte: 30+ Geübte: 60+ Meister: 80+

Das typische Ergebnis für jemanden, der sich diese geographischen Fakten nur einmal durchgelesen hat, ohne eine Gedächtnishilfe zu verwenden, würde bei etwa 30 Punkten liegen. Man müsste sich die Angaben immer wieder durchlesen, bevor man ein perfektes Ergebnis erzielen könnte. Die kurze Zeit, die Sie in die Assozationen zwischen den Ländern und ihren Hauptstädten investiert haben, sollte Sie befähigt haben, die Daten besser aufzunehmen und ein besseres Ergebnis zu erzielen. Bei mehr als 60 Punkten ist Ihr Gedächtnis schon sehr gut in Form.

19 Eine Fremdsprache lernen

Ganz gleich, weshalb Sie eine Fremdsprache lernen wollen – zum Reisen, aus beruflichen oder privaten Gründen oder um Ihren Kindern beim Lernen zu helfen – dieser Schritt zeigt Ihnen, wie Sie schnell fremdsprachige Wörter erlernen können.

Sie müssen dabei einfach eine Verbindung zwischen der Lautkette des fremdsprachigen Wortes und seiner Bedeutung in Ihrer eigenen Sprache herstellen. Brötchen heißt auf Englisch „roll". Also stelle ich mir vor, wie der Bäcker den Teig zu runden Brötchen rollt.

Um diese Methode noch wirksamer zu machen, brauchen wir einen Ort, wo wir diese Bilder auf Abruf speichern können. In vielen Sprachen, wie z. B. im Deutschen, müssen wir uns auch das grammatische Geschlecht, den Genus, für jedes Hauptwort merken. Folgende Methode hilft uns, beide Funktionen gleichzeitig zu erfüllen.

Regionen für das Genus anlegen

Bei Sprachen mit zwei grammatischen Geschlechtern, wie Spanisch oder Französisch, hilft Ihnen diese Methode, Wörter mit maskulinem und femininem Genus jeweils in verschiedenen geographischen Regionen abzulegen. Ich lege zum Beispiel jedes französische Wort, das maskulin ist, in Baden-Württemberg ab und jedes weibliche Wort in Berlin. Ihnen müssen beide Regionen vertraut sein, damit die Methode funktioniert. Wenn ich mir ein bestimmtes Spital in Stuttgart vorstelle, weiß ich, dass das französische Wort maskulin ist, *un hôpital*. Um mir zu merken, dass das Postamt im Französischen feminin ist, *la poste*, stelle ich mir ein Postamt in Berlin vor. Wenn ich an die Schauplätze denke, werde ich nie deren Geschlecht verwechseln.

Sie können in diesen Regionen auch Ihre assoziativen Bilder platzieren. Ein Nebenfluss heißt im Französischen *la rivière*. Ich stelle mir daher als Bild die Riviera (mein Merkbild) am Müggelsee in Berlin vor. Außerdem ist die Spree weiblich. Bei *le fleuve*, französisch für Fluss, sehe ich den Neckar, der Baden-Württemberg wie auch Stuttgart durchströmt und selbst männlichen Geschlechts ist.

ÜBUNG: Regionale Zuordnung des Genus

Lernen Sie folgende zehn spanische Wörter samt ihrem Artikel. Verwenden Sie dazu Assozation, Lokation und Imagination. Wählen Sie Ihre eigenen Geschlechter-Zonen, und verarbeiten Sie jedes Wort wie folgt:

1. ***Platzieren Sie das Wort nach seinem Geschlecht in der jeweiligen Zone***
2. ***Schaffen Sie eine Verbindung zwischen dem Klang des spanischen Wortes und seiner Bedeutung.***
3. ***Formen Sie ein Bild oder eine Szene, welche Sie strategisch in einem bestimmten Teil der gewählten Zone platzieren.***

Wenn ich das erste Wort der Liste sehe, denke ich an einen Platz in Berlin (meine weibliche Zone), den ich mit Salz verbinde. Ich denke an ein vertrautes Lokal in Kreuzberg mit originellen Salzstreuern. Arbeiten Sie nun den Rest der Liste durch:

DEUTSCH	SPANISCH	GENUS (M/F)
Salz	***La sal***	***(f)***
Fuß	***El pie***	***(m)***
Feld	***El campo***	***(m)***
Ärmel	***La manga***	***(f)***
Katze	***El gato***	***(m)***
Wiege	***La cuna***	***(f)***
Ruder	***El remo***	***(m)***
Wand	***El muro***	***(m)***
Stern	***La estrella***	***(f)***
Bett	***La cama***	***(f)***

Schreiben Sie zuerst die zehn deutschen Wörter in Ihr Notizbuch. Decken Sie dann diese Seite ab und probieren Sie, ob sie das spanische Gegenstück jeweils mit seinem richtigen Genus (im Artikel sichtbar) kennen.

Auswertung: *Fünf Punkte für jedes richtige Wort und fünf für jedes richtige Geschlecht.*

Maximale Punkte: 100 Ungeübte: 30+ Geübte: 60+ Meister: 90+

Sobald Sie die Geschlechter-Zonen für Hauptwörter (Nomen) festgelegt haben, können Sie anderen bekannten Bereichen auch Adjektive, Verben, Zahlen, Monate und so weiter zuweisen. Sie könnten die gebräuchlichsten Eigenschaftswörter (Adjektive) in Ihrem Lieblingspark ablegen. Aktionsverben, wie laufen, gehen, springen und schwimmen, könnten in Ihrem Freizeitzentrum abgelegt werden. Verwenden Sie dabei genau die gleiche Methode wie in dieser Übung, um diese neuen Zonen und Ihre Wortverbindungen anzulegen.

20 Wie man sich an seine Vergangenheit erinnert

Nur wenige können sich an ihr erstes Lebensjahr erinnern und bei den meisten setzt die bewusste Erinnerung erst zwischen drei und vier Jahren ein. Daher sind unsere ersten Kindheitserinnerungen, die wir als Meilensteine unserer frühen Entwicklung betrachen, etwas sehr Wertvolles für uns. Was auch immer dazu geführt hat, diese Erinnerungen in unserem Geist zu bewahren, sie formen unsere Persönlichkeit beträchtlich mit – sie sind Teil dessen, was wir sind.

Eine Methode, die ich verwende, um Zugang zu meinen frühen Erinnerungen zu bekommen, bezeichne ich als „Zeitreise". Dabei gehen Sie geistig an einen Schauplatz (Lokation) aus Ihrer Vergangenheit zurück, der eine Reihe von Erinnerungen in Ihnen auslöst. Dieser Ort könnte eine Schule, das Haus von Verwandten oder das Dorf, in dem Sie einst gelebt haben, sein.

Bei dieser Übung können Sie die Methode selbst ausprobieren. Ihr Ziel ist es, zu einem bestimmten Ort und einer Zeit in Ihrer Vergangenheit zurückzukehren, um Ihre Erinnerung freizusetzen und zu bereichern. Das ist an sich schon eine gute Übung. Sie könnten daher jeden Tag fünf oder zehn Minuten einem bestimmten Ort und Zeitraum aus Ihrer Vergangenheit widmen. Ihnen wird auffallen, dass Sie jedes Mal einen besseren Überblick über die vergangene Zeit gewinnen. Je kraftvoller Ihre Assoziationen zu dem speziellen Platz und Zeitraum werden, desto stärker wird eine Erinnerung die nächste nach sich ziehen. Es könnten auch Erinnerungen in Ihren Träumen auftauchen und Teile des geistigen Puzzles zusammengesetzt werden.

ÜBUNG: Zeitreise

Probieren Sie nun die Zeitreise-Methode selbst aus. Benutzen Sie dabei wieder die drei Schlüssel des Gedächtnisses – Assoziation, Lokation und Imagination – um die vergangenen Szenen heraufzubeschwören.

1 Suchen Sie sich einen bestimmten Ausgangspunkt: einen Kinderspielplatz, ein Museum, einen alten Dachboden oder einen Platz im Garten, wo Sie viel Zeit verbracht haben. Ganz gleich wo Sie anfangen, versuchen Sie sich kleine Details ins Gedächtnis zu rufen: etwa ein Gemälde an der Wand, eine alte Schreibmaschine auf dem Dachboden, eine Schaukel oder was auch immer.

2 Versuchen Sie, sich an die Menschen, die Sie mit diesen Plätzen verbinden, zu erinnern: ihr Lachen, ihre Stimme, manche ihrer Eigenheiten.

3 Versuchen Sie die Geräusche, die Sie an diesem Ort oft gehört haben, wieder aufzuspüren: eine knarrende Tür, das regelmäßige Vorüberfahren des Zuges, Stimmen von draußen spielenden Kindern oder die Musik, die Sie damals hörten. Welchen Geruch assoziieren Sie mit diesem Platz? Frischen Blumenduft? Eingelassenes Holz? Versuchen Sie auch, sich zu erinnern, wie sich Teile Ihrer Umgebung anfühlten, wie etwa der Waldboden oder der Stoff auf dem alten Ohrensessel.

5 Versuchen Sie, sich an den gefühlsmäßigen Zustand in jener Zeit zu erinnern. Waren Sie glücklich, melancholisch, unbekümmert, unsicher, verliebt? In je mehr Schichten Sie in die Vergangenheit eindringen können, desto mehr Erinnerungen werden freigesetzt.

21 Wie man sich das Periodensystem merkt

Vor ein paar Jahren war ich in Florida zu einer Fernsehsendung zum Thema Gedächtnis eingeladen. Man bat mich, das Potenzial meiner Gedächtnistechniken zu demonstrieren, indem ich zwei elfjährige Schulkinder trainierte. Sie sollten die ersten 30 Elemente des Periodensystems lernen. Keinem der Kinder waren jemals Erinnerungstechniken beigebracht worden.

Trotzdem konnten beide nach etwa 20 Minuten die richtige Ordnung der Elemente vorwärts und rückwärts aufsagen. Auch wenn man sie fragte: „Was ist die Ordnungszahl von Phosphor?“, hatten sie die richtige Antwort „15“ parat .

Um den Kindern zu helfen, sich die Abfolge der Elemente zu merken, führte ich sie auf eine kurze Reise durch die Fernsehstudios. Bei passenden Plätzen hielten wir an, und ich bat sie, sich vorzustellen, wie die Elemente Eigenleben bekamen.

Wir fingen beim Eingangstor zu den Studios an, wo sie sich eine Explosion vorstellten. Das half ihnen, sich Wasserstoff, das erste Element, zu merken. Wir setzten unsere Route fort und blieben bei jeder Station stehen, um eine Assoziation herzustellen. Bei der vierten Station, fanden sie keine Assoziation für Beryllium (das vierte Element). Ich schlug vor, sich einen Bären im Delirium im Schnittstudio (vierte Station) vorzustellen. Bei der zehnten Station (Tonstudio) stellten sie sich eine Neonschrift über der Tür vor und so weiter. Am Ende hatten wir alle 30 Elemente in bedeutsame und erinnerbare Szenen verwandelt, deren Reihenfolge die Reiseroute konservierte.

ÜBUNG: Das Periodensystem

Hier ist eine Liste der ersten 15 Elemente des Periodensystems:

ORDNUNGSZAHL	ELEMENT
1	***Wasserstoff***
2	***Helium***
3	***Lithium***
4	***Beryllium***
5	***Bor***
6	***Kohlenstoff***
7	***Stickstoff***
8	***Sauerstoff***
9	***Fluor***
10	***Neon***
11	***Natrium***
12	***Magnesium***
13	***Aluminium***
14	***Silizium***
15	***Phosphor***

Bereiten Sie auf Basis Ihrer eigenen Reise eine Route mit 15 Stationen vor, um sich damit die ersten 15 Elemente zu merken. Sie sollten dies mittlerweile in acht Minuten schaffen. Schreiben Sie dann die 15 Element der Reihe nach in Ihr Notizbuch.

Auswertung: *Zehn Punkte für jedes Element in fehlerfreier Reihefolge.*

Maximale Punkte: 150 *Ungeübte: 50+* *Geübte: 90+* *Meister: 140+*

22 Das deklarative Gedächtnis stärken

Bei diesem Schritt werden wir daran arbeiten, unser „deklaratives" oder bewusstes Gedächtnis zu entwickeln, um Ihre Fähigkeit, neue Informationen aufzunehmen, zu beschleunigen. Nehmen wir an, Sie wollen sich eine sportliche Disziplin aneignen, wie Tennis oder Yoga. Sie werden die erste Lektion damit verbringen, das, was Ihnen Ihr Trainer oder Ihr Arbeitsbuch sagt, in körperliche Aktionen umzuwandeln. Die bewusste Mühe, die Sie aufwenden, um sich die genaue Abfolge dieser Anleitungen zu merken, nennt man deklaratives Gedächtnis.

Mit der Zeit automatisieren sich diese Abläufe und es gibt keinen bewussten Erinnerungsakt mehr. Das Gedächtnis übernimmt jedoch nach wie vor seinen Teil – jene Komponente, die man reflexives Gedächtnis (Lernen durch Wiederholung) nennt. Wäre es nicht einfacher, wenn Ihr deklaratives Gedächtnis all diese Anweisungen gleichzeitig aufnehmen und abrufen könnte? Überlegen Sie, wie rasch sich neue Kenntnisse erwerben ließen, könnten Sie jeden Hinweis exakt lernen.

Die Reise-Methode kann Ihr deklaratives Gedächnis radikal verbessern. Sie bietet den besten Start zum Erlernen einer Disziplin, speziell einer, die viele aufeinander folgende Schritte verlangt. In dieser Übung zeige ich Ihnen, wie man mit der Reise-Methode eine Serie von Yoga-Stellungen rasch im Langzeitgedächtnis speichert. Indem Sie anfangs jede Stellung in einem anderen Bereich Ihres Heims üben, werden Sie sowohl die körperliche Erinnerung an jede Haltung vertiefen als auch die Bewegungsabfolge geistig verankern. Beim Praktizieren der ganzen Serie erinnert Sie die Reise an die korrekte Abfolge.

ÜBUNG: Vereinfachte Yoga-Stellungen

Diese Positionen wurden aus der Katze-Schwan-Stellung abgeleitet:

1. Knien Sie sich hin, Hände auf die Schenkel, die Augen sind geschlossen.

2. Beim Einatmen heben Sie die Arme sanft über den Kopf und richten sich auf den Knien auf.

3. Beim Ausatmen legen Sie die Hände behutsam vor sich auf den Boden, sodass Sie nun auf allen Vieren knien.

4. Beim Einatmen beugen Sie die Ellbogen und biegen den Brustkorb vorne nach oben (das ist die Katze).

5. Beim Ausatmen drücken Sie Ihr Gesäß nach hinten, bis Sie auf Ihren Fersen sitzen. Lassen Sie Ihre Arme gestreckt vor sich liegen (Das ist der Schwan).

Planen Sie eine fünf Bereiche Ihrer Wohnung umfassende Reise, damit Sie jede Stellung an einer anderen Station entlang Ihrer Route abspeichern können. Sie könnten etwa die erste Stellung im Vorzimmer, die zweite im Wohnzimmer, die dritte im Schlafzimmer und so weiter anlegen.

Gehen Sie zu Ihrer ersten Reisestation und nehmen Sie die erste Stellung ein. Dann gehen Sie zur zweiten Station und führen die zweite Stellung aus und so fort. Probieren Sie später, ob Sie die komplette Serie als flüssige Bewegungsabfolge praktizieren können, indem Sie im Geiste Ihre Reise durchgehen.

23 Das Dominic-System I

In Schritt 12 und 13 haben wir die Zahlenform- und Zahlenreim-Methode kennengelernt, um Zahlen in Bilder zu übersetzen. Diese einfachen Mnemotechniken sind eine gute Einführung, um das zu lernen, was ich die „Sprache" der Zahlen nenne. Ich verwende sie, wenn ich mir etwas, das einstellige Zahlen involviert, merken möchte.

Doch als ich mir viel längere Zahlen für Wettbewerbe einprägen musste, wurde mir klar, dass ich eine Methode brauchte, die mir erlaubt, Zahlen sofort als Bilder zu erkennen. Ich wollte zu dem Punkt gelangen, mir eine Folge aus 100 Ziffern in ähnlicher Weise durchlesen und zusammenreimen zu können, wie ich einen Satz aus 100 Buchstaben, die zu Worten gruppiert sind, lesen und verstehen kann.

So entstand das Dominic-System. Dominic steht für: **D**echiffrierung v**O**n **M**nemonisch **I**nterpretierten **N**ummern **I**n **C**haraktere. Dieses System ist viel komplexer als die vorigen. Doch wenn Sie etwas Zeit investieren, um es zu erlernen, werden Sie erkennen, dass es eine viel wirksamere Methode ist, Zahlen in symbolische Bilder umzuwandeln. Mit dem Dominic-System kann jede zweistellige Zahl (von 00 bis 99 sind das 100) in eine Person übersetzt werden. Warum Zahlen zu Personen machen? Aus dem einfachen Grund, weil ich mich an Personen, besonders jene, die mir vertraut sind und lebhafte Charaktere darstellen, viel leichter erinnern kann. Warum statt Personen keine Gegenstände nehmen? Weil ich Menschen flexibler als Dinge finde. Man kann sie sich in fast jeder Situation vorstellen und sie reagieren auf unzählige Weisen auf verschiedene Umgebungen. Werfen Sie einen Käsekuchen auf einen Stuhl und es wird nicht viel passieren, doch werfen Sie diesen auf einen Menschen, haben Sie zwangsläufig eine Reaktion zu erwarten.

WIE FUNKTIONIERT DIE METHODE?

Schreiben Sie zuerst die 100 Zahlen von 00 bis 99 in eine Spalte. Sie benötigen noch drei weitere Spalten für Initialen, Person, Aktion/Requisite (siehe Seite 75). Sie werden gleich wissen, warum. Werfen Sie dann einen Blick auf die Zahlen, die für Sie eine besondere Bedeutung haben. Mich erinnert die 89 sofort an Helmut Kohl, weil unter ihm die Berliner Mauer fiel. Vielleicht erinnert Sie die 64 an die Beatles, weil Sie an das Lied „When I'm 64" denken müssen.

Wenn ich die 57 sehe, muss ich sofort an meinen Paten denken, da er 1957 geboren wurde. Es ist egal, wie Sie darauf kommen, solange die Zahl Sie immer zu dieser speziellen Person führt.

Wenn Sie diese Ermittlungsart ausgereizt haben, ist der nächste Schritt, den restlichen zweistelligen Zahlen (denen Sie nicht spontan Personen zuweisen konnten) gemäß einem standardisierten Umwandlungsschlüssel Buchstaben zuzuordnen. Ich persönlich verwende dazu folgenden Umwandlungsschlüssel:

1=A 2=B 3=C 4=D 5=E 6=S 7=G 8=H 9=N 0=O

Den Zahlen 1 bis 5 sowie 7 und 8 werden ihren Positionen im Alphabet zugeordnet. O steht für Null, da sie gleich aussehen. S ordne ich 6 zu, da das Wort einen starken S-Anlaut besitzt und mit „S" beginnt und endet. N steht für 9, weil das Wort zwei „N" enthält.

Wenn Sie diese Zuordnung gelernt haben, können Zahlen paarweise die Initialen verschiedener Personen bilden. Diese könnten Freunde, Verwandte, Politiker, Schauspieler, Kabarettisten, Sportler und sogar schändliche Bösewichter sein.

Schauen wir einmal, wie das funktionieren könnte. Nehmen Sie irgendeine zweistellige Zahlenkombination, wie zum Beispiel 72. Wenn Sie diese durch die den Ziffern zugeordneten Buchstaben des Dominic-Alphabets ersetzen, erhalten Sie GB (7=G, 2=B). Wer fällt Ihnen mit den Initialen GB ein? Gisèle Bündchen? Gisèle Bündchen wird nun Ihr Schlüsselbild oder eher Ihre Schlüsselfigur für die Zahl 72. Die Zahl 40 ergibt DO (4=D, 0=O) – meine eigenen Initialen.

Es ist nicht nötig, ein perfektes fotografisches Abbild dieser Personen heraufzubeschwören, Sie müssen nur grundlegend wissen, wofür diese stehen oder was sie darstellen. Der beste Weg, dies zu erreichen, ist, jeder Person eine Aktion und eine Requisite zuzuordnen. Die Kombination von Aktion und Requisite bei Gisèle Bündchen ist die Anprobe eines Kleides. Dominic O'Brien's Aktions- und Requisitenkombination ist das Austeilen von Spielkarten.

Nun werden Zahlen plötzlich bedeutungsvoll. Wir haben ihnen Leben eingehaucht und sie entwickeln nun eine eigene Persönlichkeit.

Im nächsten Kapitel werde ich Ihnen zeigen, wie Sie das Dominic-System anwenden können, um sich vier- oder mehrstellige Zahlen durch die Kombination von Charakteren einzuprägen. Doch bevor wir zu dieser Stufe vordringen, beginnen wir mit den ersten Kombinationen der zweistelligen Zahlen, um ein Gefühl zu bekommen, wie dieses System funktioniert. Hier meine Vorschläge von 00 bis 09:

ZAHL	INITIALEN	PERSON	AKTION – REQUISITE
00	*OO*	*Olivia Oel*	*Öffnet eine Spinatdose*
01	*OA*	*Oswald Avery*	*Blickt durch ein Mikroskop*
02	*OB*	*Orlando Bloom*	*Trägt Elfenohren*
03	*OC*	*Oliver Cromwell*	*Lädt eine Muskete*
04	*OD*	*Otto Dix*	*Malt ein Bild*
05	*OE*	*Ottis Elefant*	*Trompetet mit dem Rüssel*
06	*OS*	*Oskar Schindler*	*Schreibt an seiner Liste*
07	*OG*	*Oberst Groß*	*Poliert seinen Orden*
08	*OH*	*Oliver Hardy*	*Trägt eine Melone auf dem Kopf*
09	*ON*	*Oliver North*	*Legt einen Eid ab*

Ich habe den Initialen je einen Namen und eine Handlung mit Requisite zugeordnet. Schreiben Sie entweder meine Charaktere in Ihr Notizbuch oder erschaffen Sie Ihre eigenen. Prägen Sie sich diese ein.

Gehen Sie nun weiter zu den nächsten 10 Zahlen (10 bis 19). Merken Sie sich wieder meine Charaktere oder bilden Sie Ihre eigenen.

ZAHL	INITIALEN	PERSON	AKTION UND REQUISITE
10	AO	*Annie Oakley*	*Feuert ein Gewehr ab*
11	AA	*Andre Agassi*	*Hält einen Tennisschläger*
12	AB	*Anne Boleyn*	*Wird geköpft*
13	AC	*Al Capone*	*Trägt eine Flasche Schnaps*
14	AD	*Adi Dassler*	*Macht Turnschuhe*
15	AE	*Albert Einstein*	*Schreibt an einer Tafel*
16	AS	*Arnold Schwarzenegger*	*Spannt seine Muskeln an*
17	AG	*Alec Guinness*	*Zieht ein Lichtschwert*
18	AH	*Anthony Hopkins*	*Trägt einen Frack*
19	AN	*Alfred Nobel*	*Zündet Dynamit an*

Das Dominic-System ist eine wirksame Gedächtnistechnik, die wir primär in Verbindung mit der Reise-Methode einsetzen werden. Ich werde Sie schrittweise in das Dominic-System einführen und zwar in einem Tempo, das den 52 Schritten dieses Buchs angepasst ist. Ich möchte Sie ermutigen, sich die Zeit zu nehmen, jede Gruppe von Initialen zu lernen. Mit der Zeit wird Ihnen dies eine relativ einfache Sprache aus 100 Personen bieten. Dieses System hilft Ihnen dabei, ein herausragendes Zahlengedächtnis zu entwickeln.

ÜBUNG: Das Dominic-System I anwenden

Falls Sie die 20 Personen des Dominic-Systems (siehe Seite 75–76) gelernt haben, sollten Sie sich mit Hilfe der Reisemethode (Schritt 10) die folgende Zahlenkette aus 20 Ziffern (zehn Paare) merken können.

1 8 1 1 0 6 0 7 0 0 1 8 1 7 1 2 0 3 0 8

Ihre Route hat nur zehn Stationen. Denken Sie sich eine Reise aus – zum Beispiel durch Ihren Garten – und sehen Sie die Zahlenpaare als Person, die sich an den Stationen Ihrer Reise befinden. Die Zahlen bilden folgende Initialen:

18	*11*	*06*	*07*	*00*	*18*	*17*	*12*	*03*	*08*
AH	*AA*	*OS*	*OG*	*OO*	*AH*	*AG*	*AB*	*OC*	*OH*

Verwenden Sie die drei Schlüssel – Imagination, Assoziation und Lokation. Beginnen Sie bei der Zahlenkette mit der ersten Person, die für 18 steht. Ich würde mir Anthony Hopkins (AH=18) vorstellen, der mit einem Frack durch mein Rosenbeet trampelt. Der nächste ist Andre Agassi (AA=11), der beim Schuppen Tennis spielt. Und so weiter..., bis im letzten Winkel meines Gartens Oliver Harcy (OH=08) seine Melone trägt.

Schreiben Sie die Zahlen in Ihr Notizbuch. An wie viele Zahlen erinnern Sie sich in der richtigen Reihenfolge, ohne einen Fehler zu machen?

Auswertung: *Fünf Punkte für jede richtig gemerkte Ziffer vor dem ersten Fehler.*
Maximale Punkte: 100   Ungeübte: 30+   Geübte: 60+   Meister: 80+

24 Wie man sich Witze merkt

Warum fällt es uns so schwer, uns an Witze zu erinnern? Nun, wenn wir Witze erzählt bekommen, sind wir meist so beschäftigt, uns zu amüsieren, dass wir gar nicht daran denken, sie uns zu merken.

Uns einen Witz visuell vorzustellen, entweder als Szene oder indem man ihn geistig mit einem prägnanten Bild verknüpft, ist ein Weg, ihn im Gedächtnis zu behalten. Theoretisch müssten wir uns nur an das Bild erinnern und der Witz wird wieder zum Leben erwachen – vorausgesetzt, es ist ein erinnerungswerter Witz. Doch wie können wir sicher sein, dass wir uns an unseren bildlichen Auslöser erinnern? Stellen Sie sich vor, Sie unterhalten sich mit einem Freund über einen Zirkus und ganz tief in Ihrem Gedächtnis dämmert ein Witz über einen Löwenbändiger. Sie haben vor Monaten versucht, sich diesen Witz mit Hilfe des lebhaften Bildes, wo der Löwenbändiger vom Löwen verschluckt wird, einzuprägen – ein Schicksal, das das Bild mit diesem teilt, es ist tief in Ihrem Inneren verschollen. Daher reichen die Referenzen Ihres Freundes nicht aus, um Ihre Erinnerung wach zu kitzeln. Und so verpassen Sie die Gelegenheit, witzig zu sein.

Was können wir tun, damit uns ein Witz, den wir uns irgendwann eingeprägt haben, genau dann einfällt, wenn wir es wollen? Die Antwort ist, wir müssen uns bewusst ein Repertoire an Witzen anlegen und dieses ab und zu proben, bis es uns in Fleisch und Blut übergeht. Jede Gedächtnishilfe taugt daher als Grundgerüst: Sie ist für die Vorbereitungsstufe – den Aufbau des Repertoires – nützlich, kann jedoch weggelassen werden, sobald die ganze Witzsammlung gut im

Gedächtnis verankert ist. Verwenden Sie zum Aufbau des Repertoires die Reise-Methode (Schritt 10). Sagen wir, Ihr Eigenheim besitzt zehn Räume – Sie könnten zusätzlich auf das Haus eines Freundes zurückgreifen, um insgesamt 20 Stationen anlegen zu können. Ordnen Sie jedem neuen Witz, den Sie lernen, ein Bild zu, das Sie geistig in den nächsten Raum führt, in den Sie kommen, wenn Sie in vorbestimmter Reihenfolge durch das oder die Häuser gehen.

Erzählen Sie jeweils fünf Personen jeden neuen Witz, bald nachdem Sie Ihn gehört haben: Auch das hilft, ihn sich zu merken. Und proben Sie Ihr ganzes Repertoire von 20 Witzen, sobald beide Häuser voll sind. Mit der Zeit werden Sie die Witze so gut wie das Alphabet auswendig wissen und jeden davon vortragen können, wenn sich die Gelegenheit bietet.

Anekdoten und Wortwitze

Witze nehmen oft die Form von Anektdoten (Minigeschichten) an. Dann reicht ein einziges Bild nicht aus, um sich diese zu merken. Eine Lösung wäre, jeder einzelnen Episode *innerhalb* des Witzes ein Bild zuzuordnen und jedes dieser Bilder fantasievoll an ein Merkmal des Raums, dem Sie den ganzen Witz zugeordnet haben, zu knüpfen. Mehr Richtlinien finden Sie in Schritt 25, wo es um das Merken von Geschichten geht. Viele Witze beruhen auf Wortspielen. Dabei müssten Sie die extra Mühe aufwenden, sich die Schlüsselsätze einzuprägen. Dann können Sie auf die Hinweise in Schritt 40 (Gedichte) vor- bzw. zurückgreifen.

25 Wie man sich Geschichten merkt

Romane und Geschichten zu lesen ist eine herrliche Freizeitbeschäftigung. Wegen diverser Verpflichtungen können wir uns jedoch oft nur eine halbe Stunde Zeit dafür lassen, und das vielleicht auch nur zwei- oder dreimal pro Woche. Daher ist es leicht möglich, dass Sie den Anfang des Romans schon vergessen haben, bevor Sie bei der Hälfte angelangt sind. Handlungsstränge und Beweggründe, die viele Seiten zuvor aufgezeigt wurden, könnten Ihnen entgehen. Sie könnten den Sinn von Nebenhandlungen nicht verstehen, auch wenn Sie den Hauptstrang gut vor Augen haben.

„Nein, ich kann auch komplexen Geschichten sehr gut folgen", sagen Sie vielleicht. Doch wie lange behalten Sie die rudimentärsten Details im Kopf? Zwei oder drei Monate? Ein halbes Jahr? So kurz? Schade, da Sie sich den retrospektiven Genuss entgehen lassen, den Sie aus Ihrer Lektüre ziehen könnten. Etwas Gedächtnisdisziplin lässt Sie Ihre Lektüre mittendrin und danach besser genießen.

Kaum einer würde sich die Mühe machen, einen Roman mit Hilfe der Reise-Methode zu lernen, doch es gibt keinen Grund, sich nicht zur Orientierung eine geistige Landkarte, eine so genannte „Mind Map" (Schritt 28) anzulegen. Die beste Methode ist jedoch, dem Buch fantasievoll Kraft zu verleihen. Stellen Sie sich die Szenen und Begegnungen so lebhaft wie möglich vor. Fühlen Sie sich in das Dilemma der Charaktere ein. Um sich von einer Figur ein Bild zu machen, können Sie an jemanden denken, der dieser in Ihrer Vorstellung entspricht. Sie können auch Ihnen bekannte Orte – auch aus Magazinen oder dem Fernsehen – zur Illustration der Schauplätze wählen, falls Ihnen das hilft.

Viele Leser glauben, man könne einen Roman nur beim Lesen erleben. Tatsächlich aber werden Sie sich besser daran erinnern, wenn Sie die Charaktere und deren Lage noch kurz in Ihrem Geist weiterleben lassen, nachdem Sie das Buch weggelegt haben. Stellen Sie sich vor, wie Sie sich als Charakter in dem Buch *fühlen* würden.

ÜBUNG: Filme und Plots

Filme sind wie Romane: Man vergisst oft sogar die guten nach ein paar Monaten – und wenn das Gespräch auf bestimmte Filme fällt, könnten Sie sich einen Tritt verpassen, weil Sie nicht mehr wissen, was Sie daran mochten oder nicht. Ja, manche Filme, speziell Kriminalfilme, legen absichtlich falsche Spuren. Auch Rückblicke können Verwirrung stiften. Nach solchen Filmen ist es spannend, mit Freunden auszugehen, die Wendungen des Plots zu diskutieren und von Anfang bis Ende nachzuvollziehen. Sie könnten sogar einen Wettbewerb machen, bei dem jede Person für alle Details, an die sie sich erinnert, Punkte bekommt. Die Namen der Hauptcharaktere sollten Sie kennen, zumindest falls Sie konzentriert waren (Sie würden staunen, wie viele Leute aus dem Kino kommen, ohne das zu wissen). Testen Sie, ob Sie auch die Namen der Nebenfiguren und der Orte wissen und wie die Wohnungen eingerichtet waren. Das Gedächtnis lässt sich in vielerlei Weise überprüfen.

26 Schneller lesen und mehr behalten

Wir leben im Informationszeitalter und haben nicht genug Zeit, um alle Worte zu lesen, die uns täglich von den verschiedenen Medien vorgesetzt werden. Das Gute ist: Wir müssen nicht jedes Wort lesen, um den Inhalt einer Seite zu verstehen. Wenn Sie sich auf Schlüsselworte konzentrieren, können Sie die Information genauso gut verstehen und speichern, als würden Sie den Text Wort für Wort lesen. Daher kann man Schnell-Lesen auch als „Schnell-Merk-Technik" sehen.

DIE PRINZIPIEN DES SCHNELL-LESENS

Die mittlere Lesegeschwindigkeit eines Durchschnittsstudenten liegt etwas über 200 Wörtern pro Minute mit schwankender Verständnisrate. Die Geschwindigkeit kann mit Übung auf mehr als 1.000 Wörter pro Minute gesteigert werden, wenn Sie die folgenden untrennbar miteinander verbundenen Leitlinien zum Schnell-Lesen befolgen:

Verwenden Sie einen Zeiger, z. B. einen Stift oder Finger, der Ihren Augen hilft, stetig die Zeile entlangzugleiten. Das lässt Sie einen kontinuierlichen Rhythmus ohne Ablenkung entwickeln. Lesen Sie einen ganzen Absatz – oder einen kurzen Artikel – ohne anzuhalten. Lesen Sie jeden Satz nur einmal und nehmen Sie nur das Wesentliche auf.

Falls Sie vollkommen aufmerksam sind, müssen Sie nicht zurückspringen: Lassen Sie sich nicht von unwichtigen Wörtern aufhalten. Halten Sie ein flüssiges, regelmäßiges Tempo ein und versuchen Sie, die Geschwindigkeit des Zeigers zu steigern.

ÜBUNG: Schnell-Lesen

Diese Übung lässt Sie mit der Schnell-Lese-Technik experimentieren. Zuerst müssen Sie Ihre derzeitige Lesegeschwindigkeit erreichen. Überprüfen Sie dann, wie sehr Sie diese steigern können.

1 Sie können irgendeinen zusammenhängenden Text aus einem Buch oder einer Zeitung nehmen und davon etwa eine Buchseite – also etwa 250 Wörter – lesen. Verwenden Sie eine Stoppuhr, um Ihre Zeit zu messen, oder bitten Sie einen Freund, Ihre Zeit auf die Sekunde genau zu stoppen. Berechnen Sie daraus Ihre Lesegeschwindigkeit nach folgender Formel:

(Summe gelesener Wörter ÷ Zeit in Sekunden) x 60 = Wörter pro Minute

2 Kontrollieren Sie Ihr Textverständnis, indem Sie die Hauptpunkte, die Sie dem Text entnehmen konnten, in Ihr Notizbuch schreiben – samt Fakten und Beispielen. Oder lassen Sie sich von dem Freund Fragen zum Text stellen. Freuen Sie sich darüber, dass Sie sich das Wesentliche gemerkt haben.

3 Nehmen Sie eine andere Textpassage in ähnlicher Länge und in ähnlicher inhaltlicher Dichte. Wenden Sie nun die Schnell-Lese-Prinzipien an.

4 Errechnen Sie Ihre neue Lesegeschwindigkeit mittels der oberen Formel. Überprüfen Sie wieder Ihr Verständnis. Vergleichen Sie die Resultate.

5 Experimentieren Sie mit unterschiedlichen Lesegeschwindigkeiten, bis Sie eine praktikable Balance zwischen Geschwindigkeit und Verständnis finden.

27 Wie man sich Zitate merkt

Zitate von Dichtern, wie etwa von Johann Wolfgang von Goethe oder Christian Morgenstern, oder von Denkern, wie Albert Einstein oder Ludwig Wittgenstein, in ein Gespräch einfließen zu lassen, ist ein guter Weg, Eindruck zu machen oder Ihrer Argumentation Kraft zu verleihen. Doch Zitate haben es in sich! Und es macht wenig Sinn, ein halb richtiges Zitat von sich zu geben, mittendrin aufzuhören oder nicht zu wissen, von wem es stammt. Das untergräbt eher den Eindruck, den Sie damit hinterlassen wollten – nämlich mit den Großen auf einer Linie zu liegen, zumindest mit ihren Schriften. In diesem Kapitel beleuchten wir, auf welche Weise wir uns hilfreiche oder inspirierende Zitate langfristig merken können.

Wie bei Witzen ist der beste Weg, ein Zitat im Gedächtnis zu verankern, es mit einem lebhaften Bild zu assoziieren. Doch es gibt zwei entscheidende Unterschiede. Erstens müssen Sie sich bei Zitaten den genauen Wortlaut einprägen (auch wenn fremdsprachige Zitate durch die Übersetzung meist etwas Spielraum lassen). Zweitens müssen Sie sich merken, wer der Urheber des Zitats ist.

Eventuell ahnen Sie schon, dass es die beste Art ist, sich ein Repertoire an Zitaten mit Hilfe der Reise-Methode aufzubauen, wie schon bei den Witzen beschrieben (Schritt 24). Da wir es mit geschriebener Sprache zu tun haben, gibt ein Buchladen oder eine Bibliothek eine ideale Reiselokation ab – Sie könnten sogar jedes Zitat in der passenden Buchabteilung ablegen. Wählen Sie am besten ein Bild, das den Autor des Zitats mit dessen Inhalt verschmelzen lässt und speichern Sie dieses an einem sachgerechten Schauplatz Ihrer Reise als Teil Ihres Repertoires ab. Sie können weitere Aspekte einbeziehen, die Ihnen helfen, den speziellen Wortlauf des Zitats zu rekonstruieren.

Nehmen wir nun ein Beispiel, um zu zeigen, wie wir damit umgehen könnten. Das folgende Zitat ist von Winston Churchill:

> „Der Pessimist sieht Schwierigkeiten in jeder Gelegenheit. Ein Optimist sieht eine gute Gelegenheit in jeder Schwierigkeit."

Der erste Schritt ist, ein Merkbild zu finden, das die Essenz des Zitats zusammenfasst. Das klassische Bild für dieses Zitat ist das Glas, das der Optimist als halb voll und der Pessimist als halb leer beschreiben würde. Stellen Sie sich also Churchill – rund und mit Zigarre – mit einem halb vollen Glas (Scotch?) mit einem optimistischen Gesichtsausdruck vor. Das „Win" (engl. für „gewinnen") von Winston passt zum Optimismus und verstärkt die Botschaft. Sie haben vielleicht bemerkt, dass die zwei konträren Sichtweisen einander fast spiegeln („die Schwierigkeiten in jeder Gelegenheit … die Gelegenheit in jeder Schwierigkeit"). Stellen Sie sich daher vor, wie sich Churchill an der Oberfläche des Glases spiegelt.

Wenn Ihnen der Verfasser des Zitats wenig geläufig ist und Sie sich daher einen Namen ohne Assoziationen merken müssen, könnten Sie den Nachnamen in Silben zerteilen und sich eine oder mehrere davon mit Hilfe Ihrer eigenen Imagination und schon zuvor in diesem Buch beschriebenen assoziativen Verknüpfungs-Techniken merken.

ÜBUNG: Zitate

Versuchen Sie, sich folgende Zitate durch zweckdienliche Symbolik zu merken (siehe Techniken, Seite 84–85). Denken Sie sich ein Bild für den Autor des Zitats aus. Natürlich werden die Namen nicht jedem gleich geläufig sein. Ein Sportfan wird nur „Jor-" hören und schon wird ihm Michael Jordan einfallen, während jemand, den Sport nicht interessiert, präzisere Anhaltspunkte brauchen wird: für den Vornamen (den Erzengel?) und den Nachnamen (den Fluss im Heiligen Land?).

Platzieren Sie Ihre Bilder mittels der Reise-Methode an tauglichen Schauplätzen – vielleicht in den ersten drei Räumen Ihres Eigenheims. Wir testen hier nur das Kurzzeitgedächtnis, das heißt, ob Sie in einer halben Stunde von jetzt an noch diese drei Zitate und das von Churchill (Seite 85) wissen. Stellen Sie einen Wecker.

> „Ich kann es akzeptieren, wenn man versagt. Jeder versagt manchmal. Doch ich kann nicht akzeptieren, es nicht probiert zu haben."
>
> *MICHAEL JORDAN, AMERIKANISCHER BASKETBALLSTAR*

> „Wenn ich etwas weiter sah als andere, so deshalb, weil ich auf den Schultern von Riesen stand."
>
> *ISAAC NEWTON, ENGLISCHER PHYSIKER UND MATHEMATIKER*

> „Beurteile einen Menschen eher nach seinen Fragen als nach seinen Antworten."
>
> *VOLTAIRE, FRANZÖSISCHER DENKER*

Auswertung: *Zehn Punkte für jedes Zitat (perfekter Wortlaut); fünf Punkte für jeden Namen.*

Maximale Punkte: 60 *Ungeübte: 20+* *Geübte: 30+* *Meister: 50+*

28 Mind Maps®

Mind Maps® sind vereinfachte, übersichtliche Diagramme zu einem Thema. Sie sind ideal, um Information in einer visuellen, für den Geist leicht fassbaren Form darzustellen. Sie sind des Weiteren eine hilfreiche Technik, um das, was Sie gelesen oder in einer Vorlesung oder im Fernsehen erfahren haben, zusammenzufassen.

Mind Maps wurden in den 1960er Jahren von meinem Freund und Kollegen Tony Buzan erfunden. Tony sah in Mind Maps die Möglichkeit, die rechte und die linke Gehirnhälfte gezielt gleichzeitig anzusprechen und dabei Synergie-Effekte zu nutzen. Die analytisch-logische linke Gehirnhälfte versteht und bewertet die Information, während die imaginativ-intuitive rechte Hemisphäre diese in einer visuellen Form darstellt. Sie finden hier eine Übersicht über die Prozesse, die mit den Gehirnhälften assoziiert werden. Diese helfen Ihnen zu verstehen, wie Mind Maps funktionieren.

Linke Gehirnhälfte	Rechte Gehirnhälfte
Sprache	***Kreativität***
Analyse	***Farbwahrnehmung***
Ablaufsteuerung	***Raumwahrnehmung***
Logik	***Gestaltwahrnehmung***
Lineares Denken	***Tagträume***
Rationales Denken	***Intuition***
Zahlen- und Worterkennung	***Gesichts- und Objekterkennung***

Eine Mind Map bildet die relative Wichtigkeit verschiedener Themenbereiche visuell ab. Sie können das Thema daher auf einen Blick einschätzen und sich einprägen. Die zentralen Punkte sind klar herausgearbeitet, irrelevante Informationen entfernt. Sie können daher das Gesamtbild und die Schlüsselwörter gleichzeitig wahrnehmen.

MIND MAP ZUR GLOBALEN ERWÄRMUNG

Diese vereinfachte Mind Map demonstriert einen möglichen Zugang zu der Thematik. Klassische Mind Maps würden mehr Bilder aufweisen und würden primär isolierte Wörter einsetzen. Außerdem wäre jedem Themenstrang eine andere Farbe zugeordnet.

Übung: Erstellen Sie Ihre eigene Mind Map

Nehmen Sie ein Blatt Papier und verschiedenfarbige Filz- und Buntstifte (Filzstifte für die Schrift und die Buntstifte für die Grafiken). Beginnen Sie mit einer groben Skizze, damit Sie die Proportionen noch abstimmen können, bevor Sie alles ausgearbeitet haben.

Das Ziel der Übung ist das Erarbeiten und Einprägen von zwei Mind Maps über:

1 Ein Thema, von dem Sie mehr wissen wollen. Sie können jeden Bereich wählen – Sport, Musik, eine Epoche oder ein Spezialgebiet der Technik (z.B. wie ein Motor funktioniert). Eventuell kennen Sie schon die Schlüsselfakten und wollen sich nun ein klareres Bild schaffen. Lesen Sie dazu Hintergrundliteratur. Arbeiten Sie je nach Wissensstand Ihre Mind Map immer wieder um. Machen Sie keine langen Notizen, beschränken Sie sich in knappen Worten auf die Hauptpunkte. Erweitern Sie Ihre Mind Map organisch mit zunehmendem Wissen. Wenn Sie das Gefühl haben, Sie hätten genug gelesen und verstanden, arbeiten Sie Ihre endgültige Mind Map aus: in Farbe, mit aussagekräftiger Symbolik und Grafik. Prägen Sie sich diese ein und überprüfen Sie nach zwei bis drei Tagen, ob Sie sie auswendig wiedergeben können.

2 Die wirklichen Prioritäten in unserem Leben in Bezug auf Wohnen, Geld, Beziehung, Beruf, Freizeit, Kompetenzen, Werte, Ambitionen, Reisen und so weiter. Sie können diese Mind Map als Wegweiser interpretieren, wie Sie Ihren zukünftigen Entwicklungsweg sehen. Fügen Sie einfache Bilder hinzu, um die Dinge, die Ihnen am wichtigsten sind, hervorzuheben. Passen Sie, wie bei der ersten Mind Map, die Größe dieser Bilder an Ihre relative Wichtigkeit an.

Doch wie würden Sie beim Erstellen einer Mind Map in einer Vorlesung vorgehen? Der Vortragende könnte eine exzentrische Präsentationsart haben – er könnte bei einem peripheren Punkt beginnen, um Ihr Interesse zu wecken, und sich langsam seinen Weg zum zentralen Thema bahnen. Er könnte das Hauptthema aber auch zuerst vorstellen und dann näher qualifizieren. Sie sollten daher beim Aufbau Ihrer Mind Map flexibel genug sein, um derartige Schwerpunktverlagerungen unterbringen zu können. Es kann vorkommen, dass Sie Schlüsselpunkte erst am Ende der Vorlesung erkennen.

Viele machen vor der farbigen Endversion eine einfache Bleistiftskizze. Durch grafische Bilder in der Mind Map (keine Sorge, es müssen keine Kunstwerke sein), können Sie Ihre Schlüsselpunkte lebendiger und einprägsamer vermitteln. Und mittels der unterschiedlichen Farben betonen Sie die diversen thematischen Stränge. Dies hilft Ihnen, Ihre Mind Map einfach und schnell „lesen“ zu können: Das macht sie zu einem exzellenten Hilfsmittel bei der Wiederholung. Sie können damit aber auch Aufsätze vorbereiten, Hand- oder Arbeitsbücher oder Artikel in eine klare und verständliche Form bringen und Ihre Ideen zu irgendeinem Vorhaben oder Projekt verdeutlichen.

Die räumliche Aufteilung der Mind Map hilft Ihnen, sie im Gedächtnis zu behalten. Die Idee dahinter ist, die ganze Mind Map wie eine geistige Landkarte zu speichern. Wenn Sie sich etwa die Folgen der globalen Erwärmung merken wollen, stellen Sie sich den rechten oberen Zweig der Übersicht vor und lesen geistig die dortigen Schlagworte durch. Jedes bildhafte Symbol fördert den Erinnerungsprozess.

29

Wie man sich Reden und Präsentationen merkt

Für manche Menschen ist der Gedanke, allein vor Publikum einige Worte sagen zu müssen, höchst furchterregend. Die wirklich guten Präsentationen und Reden sind gut vorbereitet und werden frei aus dem Gedächtnis gehalten, damit der Sprecher stetigen Blickkontakt mit seinen Zuhörern halten kann. Doch die Nerven können einem das Vergnügen, solche Reden zu halten, rauben, weil Lampenfieber bekanntlich das Gedächtnis leert: Auch bestens vorbereitete Sprecher könnten plötzlich angesichts des erwartungsvollen Publikums mit einem blanken Geist konfrontiert sein: Panik!

EINE MIND MAP VERWENDEN

Eine der wirksamsten Arten, eine Rede oder Präsentation vorzubereiten, besteht darin, all Ihre Ideen auf einer Mind Map festzuhalten, wie im vorigen Schritt beschrieben. Merken Sie sich dann diese Sammlung von Hinweisen und gehen Sie das Diagramm in logischer Abfolge durch: etwa im Uhrzeigersinn von oben links beginnend (oder was Ihnen natürlich erscheint). Die Schlüsselbilder und/oder Schlüsselwörter, die Sie auf Ihrer Landkarte notiert haben, werden Kommandos für das, was Sie sagen wollen. Wenn Sie dann letztendlich Ihre Rede halten, werden Sie mit Ihrer Mind Map längst gut vertraut sein. Auch wenn Sie sich zuerst eine ausdenken mussten, wird sie sich durch viele Wiederholungen gut in Ihren Geist eingeprägt haben. Es ist jedoch sinnvoll, vor der Rede zumindest kurz einen letzten Blick darauf zu werfen – und falls Zeit dazu ist, die Rede geistig kurz durchzugehen und dann mit der Mind Map zu überprüfen, ob Sie nicht einen Punkt ausgelassen haben.

Das Schöne daran, eine Mind Map für die Vorbereitung Ihrer Rede zu verwenden, ist, dass Sie Ihnen Selbstvertrauen geben wird. Sie wissen, dass Sie buchstäblich einen Übersichtsplan über die ganze Rede geistig in vertrauten Bilder gespeichert haben und dass Sie nach Belieben durch diese Übersicht wandern können. Vertrauen ist selbst-bestärkend. Schon allein das Wissen, das Sie gut vorbereitet sind, lässt Sie gute Arbeit leisten, und das wiederum steigert Ihr Selbstvertrauen für das nächste Mal, wenn Sie wieder mit einer ähnlichen Herausforderung konfrontiert sind.

Und selbstverständlich gibt es Redesituationen, wo niemand etwas daran finden wird, wenn Sie einen Schummelzettel in der Hand halten, auf den Sie ab und zu einen Blick werfen. Ein einzelnes Blatt mit Ihrer Mind Map bei sich zu haben, macht sicher einen professionelleren Eindruck als sich durch einen Haufen loser Notizen wühlen zu müssen, um die richtige Stelle zu finden.

DIE REISE-METHODE VERWENDEN

Eine andere Methode, sich umfassende Notizen zu sparen, ist, die Schlüsselbegriffe der Rede aufzuschreiben und diese mittels Assoziation in einprägsame Bilder zu verwandeln, die Sie auf den einzelnen Stationen einer von Ihnen gewählten Route ablegen (Reise-Methode, Schritt 10). Sie könnten Ihr Haus, Ihren Garten oder Arbeitsweg verwenden. Weitere Anleitungen dazu finden Sie im nächsten Beispiel:

TIPPS: Reden konzipieren – Schlüsselpunkte und -sätze

Eine Rede wie ein Schauspieler Wort für Wort auswendig zu lernen, ist ein Weg, der mit Fallen gepflastert ist. Denn falls Sie den genauen Wortlaut auswendig lernen und aus irgendeinem Grund (wie Nervosität) den nächsten Satz vergessen, können Sie einen echten Aussetzer bekommen. Daher ist es besser, sich die Schlüsselpunkte der Rede zu merken – *was* Sie sagen wollen ohne Hinweis darauf, *wie* Sie es sagen wollen.

Um diese Begriffe in Ihrem Geist zu verankern, formen Sie einfallsreiche Assoziationen, um sie in Bilder zu konvertieren, die Sie mittels der Reise-Methode (Schritt 10) geistig in einer Abfolge von Schauplätzen ablegen. Sie können dann diese Bilder und folglich auch Ihre Punkte beim erneuten Durchgehen Ihrer Reise aufgreifen Wenn Sie am Ende Ihrer Rede zum Beispiel dem Bauern danken wollen, der Ihnen sein Feld für die Sommermesse überlassen hat, könnten Sie eine wiederkäuende Kuhe in Ihrem Gästezimmer platzieren (die sich vielleicht gerade ins Bett legt) oder ein riesiges Schwein an der Busstation (auf Ihrem Arbeitsweg).

Manchmal werden Sie sich bei Ihren Reden auch an Namen und Zahlen erinnern müssen. Sie haben schon gelernt, wie man diese im Gedächtnis behält: Folgen Sie dazu den Anleitungen in den Schritten 12, 13, 15 und 23.

In solchen Reden, die eher witzig und unterhaltsam als rein informativ sein sollen, ist der Erzählwortlaut ein wichtiger Teil. Es ist relativ leicht, die Reise-Methode mit dem Auswendiglernen einiger weniger aussagekräftiger Sätze zu verbinden. Sobald Sie einen besonders originellen Satz oder eine witzige Satzfolge entworfen haben, könnten Sie aus einem der Schlüsselwörter (eines, das am Anfang steht) ein Bild formen, welches Sie auf Ihrer Gedächtnisreise ablegen, sodass der ganze Satz oder die Satzfolge sich ausrollt, sobald das Bild abgefragt wird. Üben Sie Ihre besten Sätze so oft wie möglich, um diesen Effekt zu verstärken.

30 Die Kunst der Wiederholung

Wir haben uns in diesem Buch einige Mnemotechniken angesehen, die uns helfen, uns ein reiches Spektrum an Informationen zu merken, wie PINs, Einkaufslisten, Richtungsangaben, Fremdwörter, Zitate und kurze Reden. Viele dieser Techniken basieren auf drei Schlüsselprinzipien – Assoziation, Lokation und Imagination. Besonders die Reise-Methode, die auf vertrauten Orten beruht, scheint die Lücke zwischen Kurz- und Langzeitgedächtnis zu überbrücken. Es ist, als würden die Daten das Kurzzeitgedächtnis überspringen und die Information direkt ins Langzeitgedächtnis lassen. Weiters ersetzen diese Methoden stures Auswendiglernen, was im Vergleich dazu langsam, monoton und wenig wirksam ist. Doch um sicher zu sein, dass die Daten verlässlich im Langzeitgedächtnis bleiben, sollten Sie wissen, wann und wie oft sie sie am besten wiederholen sollten.

EBBINGHAUS UND DIE ERINNERUNGSKURVE

Einer der ersten, der Experimente zum menschlichen Gedächtnis machte, war der deutsche Philosoph Hermann Ebbinghaus (1850–1909). Er erfand eine Testmethode, die aus dem Erlernen von Nonsense-Silben – scheinbar bedeutungslose und daher nicht einprägsame Silben, etwa DAJ – bestand. Er musste eine Liste mit 20 solcher Posten einige Male wiederholen, um sich die genaue Abfolge zu merken. Dann maß er in diversen Zeitabständen seine „Retention“, das heißt, was er davon behalten hatte. Das war wohl die erste formale

Lernkurve. Ebbinghaus beobachtete, dass Daten, die im Anfangs- und Endbereich der Liste standen, leichter abzurufen waren als jene in der Mitte . Diese Tendenzen sind als „primacy und recency effect", das heißt als Anfangs- und Endbetonung bekannt; eine U-förmige Vergessenskurve illustriert grafisch diese Erkenntnisse.

Ebbinghaus entdeckte auch, dass die beste Weise, maximale Wiedergabe zu erhalten, darin lag, Daten regelmäßig nochmals durchzuarbeiten bis ein so genanntes „Überlernen" erreicht war. Um die im Gedächtnis gespeichertem Daten zu festigen, sollten Sie diese regelmäßig wiederholen. Hier meine Vorschläge zu den Wiederholungszeiten, die bei den meisten Stoffgebieten gut funktionieren:

ERSTE WIEDERHOLUNG	➤	***SOFORT***
ZWEITE WIEDERHOLUNG	➤	***24 STUNDEN SPÄTER***
DRITTE WIEDERHOLUNG	➤	***EINE WOCHE SPÄTER***
VIERTE WIEDERHOLUNG	➤	***EINEN MONAT SPÄTER***
FÜNFTE WIEDERHOLUNG	➤	***DREI MONATE SPÄTER***

Wenden Sie diese „fünf Regeln" auf einige der Übungen im Buch an. Die Übung an sich gilt schon als erste Wiederholung. Machen Sie sie nach der vorgeschlagenen Zeit erneut, um sich selbst zu überprüfen und zu erreichen, dass die Daten im Langzeitgedächtnis bleiben.

Kapitel 3

Gedächtnisleistung

- *Schritt 31* **Das Dominic-System II**
- *Schritt 32* **Wie man sich Telefongespräche merkt**
- *Schritt 33* **Das Dominic-System III**
- *Schritt 34* **Wie man sich ein Kartendeck merkt**
- *Schritt 35* **Wie man zum menschlichen Kalender wird**
- *Schritt 36* **Wie man sich geschichtliche Daten merkt**
- *Schritt 37* **Wie man sich Telefonnummern und Termine merkt**
- *Schritt 38* **Wie man sich die Nachrichten merkt**
- *Schritt 39* **Wie man sich die Oscar-Preisträger merkt**
- *Schritt 40* **Wie man sich Gedichte merkt**

Dieses Kapitel umfasst die höheren Schritte meines Gedächtnisprogramms. Natürlich werden einige Schritte auch Schlüsselmethoden einbeziehen, die Sie schon kennen, allerdings auf fortgeschrittenem Niveau. Sie werden beispielsweise eine 52-stufige Reise anlegen. Und bei manchen der Schritte, wie z.B. „Wie man sich Telefonnummern merkt“ (Schritt 32) und „Wie man sich die Nachrichten merkt“ (Schritt 38), werden Sie einige Techniken vereinen, wie etwa die Reise-Methode, „Wie man sich Namen, Richtungen, Zitate merkt“ und das Dominic-System, um sich ein weites Datenspektrum einprägen zu können. Wir werden in Schritt 31 und 33 mit dem Dominic-System (von 20 bis 99) fortfahren und damit Ihr Repertoire auf 100 Charaktere ausweiten. Wir werden das System weiterentwickeln, damit es komplexe Bilder beinhalten kann, was Ihnen erlaubt, sich wichtige Termine und lange Zahlenfolgen leicht zu merken.

Ich werde Sie auch in neue Techniken einführen, wie mein selbst erfundenes Kodierungssystem, um sich Jahreszahlen zu merken. Ich zeige Ihnen auch, wie man sich ein Kartendeck einprägt (was mir Lokalverbot in den Casinos von Las Vegas einbrachte!). Übungen werden Sie ständig auf Ihrem Weg begleiten, um Ihre Fortschritte zu überprüfen und sichtbar zu machen.

31 Das Dominic-System II

In Schritt 23 habe ich Ihnen das Dominic-System als Einführung in eine neue Sprache vorgestellt: die Sprache der Zahlen. Ich bat Sie, eine Liste der ersten 20 Zahlen des Systems von 00 bis 19 zu erstellen und sie dann mittels eines sorgfältig erdachten Kodes in Buchstaben, die die Initialen diverser Personen bilden, umzuwandeln. Jeder Person wurde auch eine Requisite und/oder Aktion zugewiesen. Die Zahl 06 wird zum Beispiel in Oskar Schindler (0 = O, 6=S) verwandelt, dessen Aktion es ist, seine Liste zu schreiben. Wenn Sie glauben, das Dominic-System rekapitulieren zu müssen, gehen Sie zu Schritt 23.

Angenommen, Sie können die ersten 20 Paare aus Zahlen und Personen mittlerweile flüssig wiedergeben, dann nehmen Sie sich die nächste Gruppe zweistelliger Zahlen und deren Initialen vor.

Gehen Sie dazu wieder zu Ihrer Liste für das Dominic-System in Schritt 23 zurück und fügen Sie die Zahlen, Initialen, Personen und Aktionen/Requisiten hinzu. Ich mache Ihnen wieder ein paar Vorschläge. Das sind die Charaktere, die bei mir am besten funktioneren. Jedoch hat jeder seinen eigenen Bezugsrahmen, der durch Kultur, Nationalität, Alter, Geschmack, Erfahrungen und so weiter geprägt wird. Daher keine Sorge, wenn Ihnen manche meiner Personen nicht vertraut sind. Nutzen Sie Ihre eigenen Assoziationen, um Person, Aktion und Requisite für ein Initialpaar zu finden. Sie können dabei berühmte Personen mit Menschen, die Sie persönlich kennen, wie Freunden und Verwandten, vermischen. Wenn Sie diese 20 Charaktere im Kopf haben, probieren Sie die Übung auf Seite 100.

ZAHL	INITIALEN	PERSON	AKTION UND REQUISITE
20	BO	*Billy Ocean*	*Hält ein Mikrophon*
21	BA	*Bryan Adams*	*Schießt mit Pfeil und Bogen*
22	BB	*Boris Becker*	*Macht einen Aufschlag*
23	BC	*Bill Clinton*	*Hält die Amerikanische Flagge*
24	BD	*Bette Davis*	*Trägt ein Satinabendkleid*
25	BE	*Bill Evans*	*Spielt Klavier*
26	BS	*Bart Simpson*	*Fährt Skateboard*
27	BG	*Billy Graham*	*Predigt von einem Podest*
28	BH	*Buddy Holly*	*Trägt seine typischen Brillen*
29	BN	*Brigitte Nielsen*	*Mit Boxhandschuhen*
30	CO	*Chris O'Donnell*	*Ist als Robin verkleidet*
31	CA	*Christian Andersen*	*Schreibt ein Märchen*
32	CB	*Charlie Brown*	*Spielt mit Snoopy*
33	CC	*Charlie Chaplin*	*Dreht seinen Stock*
34	CD	*Céline Dion*	*Sitzt auf einem Eisberg*
35	CE	*Clint Eastwood*	*Hat einen Poncho an*
36	CS	*Claudia Schiffer*	*Geht auf dem Laufsteg*
37	CG	*Che Guevara*	*Hält ein Maschinengewehr*
38	CH	*Charlton Heston*	*Sitzt auf einem Planwagen*
39	CN	*Chuck Norris*	*Macht einen Karatesprung*

ÜBUNG: Das Dominic-System II anwenden

Sie sollten mittlerweile eine zufällige Zahlenfolge aus 20 Ziffern mit Hilfe des Dominic-Systems und der Reise-Methode lernen können.

3 6 3 3 2 0 3 8 2 9 3 1 2 4 2 2 3 7 2 5

Wie in der Übung von Schritt 23 entwickeln Sie eine kurze Reise mit zehn Stationen und sehen jede zweistellige Zahl als Person, die sich an einer Station Ihrer Reise befindet. Zur Hilfe finden Sie hier die Umwandlung der Zahlen in Initialen:

36	***33***	***20***	***38***	***29***	***31***	***24***	***22***	***37***	***25***
CS	***CC***	***BO***	***CH***	***BN***	***CA***	***BD***	***BB***	***CG***	***BE***

Beim Durchwandern Ihrer Route sehen Sie die Personen jedes Inititalpaars bei ihren Aktionen. Sie können sich Claudia Schiffer (CS = 36) bei Ihrer ersten Reisestation vorstellen, wie sie auf dem Laufsteg umherstolziert und bei der zweiten Station Charlie Chaplin (CC = 33), der seinen Stock schwingt und so weiter.

Nach einer kurzen Wiederholung der Reise probieren Sie, ob Sie sich an die ganze Zahlenfolge erinnern können und schreiben sie in Ihr Notizbuch.

Auswertung: *Fünf Punkte für jede richtige Ziffer in fehlerfreier Reihenfolge.*
Maximale Punkte: 100 Ungeübte: 30+ Geübte: 70+ Meister: 90+
Vergleichen Sie Ihr Ergebnis mit dem Ergebnis von Seite 77. Obwohl Sie mit einer neuen Gruppe von Initialen arbeiten, sind Sie mit dem Dominic-System schon vertraut. Daher würde ich annehmen, dass Ihr Ergebnis hier besser ist als bei der ersten Übung.

32 Wie man sich Telefongespräche merkt

Sich an Gehörtes zu erinnern unterscheidet sich entscheidend davon, sich Gelesenes zu merken, da man den Datenfluss weniger steuern kann. Ein Telefongespräch ist jedoch eine zweiseitige Interaktion, das heißt, Sie haben eine gewisse Kontrolle darüber. Sie können die Person am anderen Apparat bitten, langsamer zu sprechen oder eine Information zu wiederholen. Genauso können Sie selbst Informationen wiederholen und rückfragen, ob der andere diese auch richtig verstehen konnte.

Jeder, der wichtige Informationen über das Telefon erhält, möchte sich diese so bald als möglich aufschreiben – Ihr Ziel ist daher, sich diese nur so lange zu merken, bis Sie Papier und etwas zu Schreiben gefunden haben. Doch Informationen als etwas einzustufen, das Sie sich nur eine Minute merken müssen, ist die beste Art, sie gleich wieder zu vergessen. Die folgenden Techniken werden Sie davor bewahren.

Die Übung auf den folgenden Seiten trainiert Sie darin, ein Spektrum an verschiedenen Techniken dazu einzusetzen, um sich verschiedene Arten von Informationen rasch zu merken.

Wir müssen uns bei Telefonaten oft numerische Daten merken: Termine, Telefonnummern, Orts- und Personennamen und Wegbeschreibungen. Daher werden Sie neben der Reise-Methode mehrere andere Methoden einsetzen: Zahlenformen, Zahlenreime, das Dominic-System und die diversen Methoden, um sich Namen und Richtungsangaben zu merken.

ÜBUNG: Telefongespräche

Hier üben Sie die Kombination verschiedener Techniken bei einer spontanen Nachricht. Wenn ich die Reise-Methode so kurzfristig anwenden muss, wähle ich eine oft verwendete Route, von der ich weiß, dass Sie mich nicht im Stich lassen wird. Bitten Sie jemanden, Ihnen bei der Übung zu helfen, indem er einen Reiseberater spielt, der Sie anruft, um Ihnen die Details zu Ihren Urlaubsbuchungen bekannt zu geben. Danach beantworten Sie zehn Fragen.

1. Wählen Sie Ihre bewährteste und vertrauteste Reise (siehe Schritt 10).

2. Bitten Sie eine/n Freund/in Ihnen die Telefonnachricht von S. 103 vorzulesen.

3. Beim Hören der Nachricht verwandeln Sie die wesentlichen Einzelheiten in Schlüsselbilder und platzieren diese entlang Ihrer Reiseroute.

Hinweis: Um mich an einzelne Ziffern zu erinnern, würde ich die Zahlenform- oder Zahlenreim-Methode verwenden; für zweistellige Zahlen das Dominic-System; für dreistellige Zahlen würde ich das Dominic-System mit einer Zahlenform oder einem Zahlenreim kombinieren. Um mir eine kurze Buchstabenfolge zu merken, würde ich die Alphabet-Methode nutzen und um mir eine Mischung aus Buchstaben und Zahlen zu merken, würde ich die Alphabet-Methode in Kombination mit dem Dominic-System und einer Zahlenform oder einem Zahlenreim verwenden.

Sie können diese Übung wiederholen, so oft Sie wollen – bitten Sie einfach Ihren Übungspartner, die ursprünglichen Details durch neue zu ersetzen.

„Guten Tag, ich bin Ihr Reiseveranstalter von Caribbean Tours und möchte Ihnen die Reisedetails durchgeben. Sie sagten, Sie organisieren sich selbst einen Flug nach New York. Von dort fliegen Sie nach Barbados mit den Caribbean Premier Airlines (CPA).

In New York fliegen Sie vom JFK Flughafen, Terminal 8 – Ihre Abflugzeit ist 07.32 Uhr. Sie werden am Grantley Adams International Airport (BGI), Terminal 1 um 13.15 Uhr ankommen. Ihre Flugnummer ist CP/45022.

Wenn Sie dort ankommen, wenden Sie sich an Ihre Tourverantwortliche, Sally Gardiner, die links vor dem Fremdwährungsschalter in der Ankunftshalle auf Sie warten wird. Sie nehmen dann den Transferbus zum Hotel – das Island Bay Resort. Falls Sie eine Reiseversicherung möchten, müssen Sie zusätzlich 38,20 USD überweisen. Ich denke, das ist alles. Haben Sie noch irgendwelche Fragen?

1 ***Mit welcher Fluglinie fliegen Sie?***
2 ***Von welchem Flughafen und Terminal fliegen Sie in New York weg?***
3 ***Was ist Ihre Abflugzeit in New York?***
4 ***An welchem Flughafen und Terminal werden Sie ankommen?***
5 ***Wie lautet die Ankunftszeit?***
6 ***Was ist Ihre Flugreferenznummer?***
7 ***Wie heißt Ihre Tourverantwortliche?***
8 ***Wo werden Sie diese finden?***
9 ***Wie lautet der Name des Hotels?***
10 ***Wie viel müssten Sie für eine Reiseversicherung zuzahlen?***

Auswertung: *Zehn Punkte für jede richtig beantwortete Frage.*

Maximale Punkte: 100 Ungeübte: 20+ Geübte: 50+ Meister: 80+

33 Das Dominic-System III

Sobald Sie das Dominic-System von den Zahlen 00–39 (Schritt 23 und 31) beherrschen, ist es Zeit, die restlichen Zahlen von 40 bis 99 zu lernen, die hier von Seite 104 bis 106 aufgelistet sind.

Wie in den vorhergehenden Schritten zum Dominic-System betrachten Sie die Zahlen und sehen, welche Initialen Ihnen dazu einfallen. Fügen Sie die Details wieder zu Ihrer Liste hinzu und sobald Sie einen passenden Charakter gefunden haben, geben Sie ihm eine passende Aktion und eine Requisite. Die Charaktere können Politiker, Kabarettisten, Freunde, Sportler, Filmcharaktere oder auch Zeichentrickfiguren sein. Sie müssen Ihnen nur hinlänglich bekannt sein.

ZAHL	INITIALEN	PERSON	AKTION UND REQUISITE
40	*DO*	*Dominic O'Brien*	*Hantiert mit Spielkarten*
41	*DA*	*Douglas Adams*	*Spielt Anhalter durch die Galaxis*
42	*DB*	*David Bowie*	*Tanzt auf der Straße*
43	*DC*	*David Copperfield*	*Holt ein Kaninchen aus dem Hut*
44	*DD*	*Donald Duck*	*Pflückt Blumen für Daisy Duck*
45	*DE*	*Duke Ellington*	*Komponiert Musik*
46	*DS*	*Deion Saunders*	*Spielt American Football*
47	*DG*	*Dizzy Gillespie*	*Spielt Trompete*
48	*DH*	*Daryl Hannah*	*Wird zu einer Meerjungfrau*
49	*DN*	*David Niven*	*Fliegt mit einem Ballon*

ZAHL	INITIALEN	PERSON	AKTION UND REQUISITE
50	*EO*	*Eugene O'Neill*	*Trinkt Whisky mit Eis*
51	*EA*	*Elizabeth Arden*	*Versprüht Parfum*
52	*EB*	*Emily Brontë*	*Schreibt einen Roman*
53	*EC*	*Eric Clapton*	*Spielt Gitarre*
54	*ED*	*Eliza Doolittle*	*Verkauft Blumen*
55	*EE*	*Edward Elgar*	*Komponiert Musik*
56	*ES*	*Ebenezer Scrooge*	*Zählt Geld*
57	*EG*	*Eric Gill*	*Meißelt ein Kriegsdenkmal*
58	*EH*	*Ernest Hemingway*	*Steht mit einer Gitarre am Meer*
59	*EN*	*E. Nesbit*	*Bläst eine Pfeife*
60	*SO*	*Scarlett O'Hara*	*Fällt in Ohnmacht*
61	*SA*	*Scott of the Antarctic*	*Schleppt sich durch einen Sturm*
62	*SB*	*Senta Berger*	*Lässt sich filmen*
63	*SC*	*Sean Connery*	*Trinkt einen Martini*
64	*SD*	*Salvador Dali*	*Zwirbelt seinen Schnurrbart*
65	*SE*	*Stefan Edberg*	*Hält eine Tennis-Trophäe*
66	*SS*	*Steven Spielberg*	*Zeigt mit dem Finger wie ET*
67	*SG*	*Steffi Graf*	*Gewinnt den Davis Cup*
68	*SH*	*Stephen Hawking*	*Schaut durch ein Teleskop*
69	*SN*	*Sam Neill*	*Flieht vor einem Dinosaurier*
70	*GO*	*Gary Oldman*	*Ist als Drakula verkleidet*
71	*GA*	*Giorgio Armani*	*Entwirft einen Anzug*
72	*GB*	*Gisèle Bündchen*	*Posiert am Strand*
73	*GC*	*George Clooney*	*Hat ein Stethoskop um*
74	*GD*	*Geena Davis*	*Fährt einen Flitzer*

ZAHL	INITIALEN	PERSON	AKTION UND REQUISITE
75	*GE*	*George Everest*	*Klettert mit Seilen*
76	*GS*	*Gilbert und Sullivan*	*Tragen Schürzen*
77	*GG*	*Greta Garbo*	*Lehnt sich an eine Laterne*
78	*GH*	*Gene Hackman*	*Fängt Drogendealer*
79	*GN*	*Greg Norman*	*Schwingt einen Golfschläger*
80	*HO*	*Hugh O'Neill*	*Sitzt auf einem Pferd*
81	*HA*	*H. C. Artmann*	*Schreibt ein Gedicht*
82	*HB*	*Humphrey Bogart*	*Trägt Regenmantel und Hut*
83	*HC*	*Hillary Clinton*	*Hält eine Rede*
84	*HD*	*Humphry Davy*	*Hält eine Minenlampe*
85	*HE*	*Herb Elliott*	*Läuft – und zwar schnell*
86	*HS*	*Helge Schneider*	*Singt einen Schlager*
87	*HG*	*Hugh Grant*	*Ist auf einer Hochzeit*
88	*HH*	*Hermann Hesse*	*Jagt einen Steppenwolf*
89	*HN*	*Horatio Nelson*	*Steht am Ruder*
90	*NO*	*Nick Owen*	*Sitzt auf einem Sofa*
91	*NA*	*Neil Armstrong*	*Im Astronautenanzug*
92	*NB*	*Norman Bates*	*Nimmt eine Dusche*
93	*NC*	*Nick Cave*	*Singt mit wilden Rosen*
94	*ND*	*Neil Diamond*	*Immer in Blue Jeans*
95	*NE*	*Nelson Eddy*	*Heiratet einen Engel*
96	*NS*	*Nina Simone*	*Singt zu Klaviermusik*
97	*NG*	*Nell Gwyn*	*Verkauft Orangen*
98	*NH*	*Nathaniel Hawthorne*	*Schichtet Bücher auf*
99	*NN*	*NeNa*	*Lässt 99 Luftballons steigen*

Sobald Sie diese letzten 60 zweistelligen Zahlen in Personen verwandelt und sich diese gut eingeprägt haben, können Sie folgende Übung versuchen.

ÜBUNG: Das Dominic-System III anwenden

Merken Sie sich diese Folge aus 20 Ziffern mittels der Reise-Methode.

5 3 4 2 7 7 6 8 9 1 8 7 8 2 5 9 6 5 4 0

Teilen Sie zuerst die Zahlenfolge in zehn Zahlenpaare und übersetzen Sie jede zweistellige Zahl in Initialen. Denken Sie sich dann eine Reise mit zehn Stationen aus und platzieren Sie jedes Initialpaar in Gestalt einer Person auf jeweils eine Station Ihrer Reise. Die Zahlen werden folgendermaßen in Buchstaben umgewandelt (siehe auch Seite 73):

53	42	77	68	91	87	82	59	65	40
EC	DB	GG	SH	NA	HG	HB	EN	SE	DO

Prägen Sie sich die 20-stellige Zahlenfolge ein und schreiben Sie sie in Ihr Heft.

Auswertung: *Fünf Punkte für jede einzelne Ziffer in fehlerfreier Reihenfolge.*
Maximale Punkte: 100 Ungeübte: 30+ Geübte: 75+ Meister: 95+
Vergleichen Sie Ihre Punktezahl mit den Ergebnissen aus Schritt 23 und 31.
Ich würde wetten, dass Sie dieses Mal noch besser abschneiden.

34 Wie man sich ein Kartendeck merkt

Eine Fernsehsendung hat mich dazu inspiriert, mit dem Gedächtnistraining zu beginnen. In dieser Sendung habe ich den internationalen Gedächtnismeister Creighton Carvello dabei gesehen, wie er sich ein gemischtes Spielkarten-Deck in nur zwei Minuten und 59 Sekunden eingeprägt hat. Die Karten wurden einzeln ausgeteilt, sodass eine auf der anderen zu liegen kam. Mit anderen Worten, er bekam jede Karte nur ein einziges Mal zu Gesicht. Wie konnte es diesem Mann gelingen, sich 52 isolierte Dateneinheiten in weniger als drei Minuten einzuprägen? Das war die Frage, die mich dazu brachte, ein Kartendeck zur Hand zu nehmen und die Frage selbst zu ergründen.

Bald dämmerte mir, dass ich mir jede einzelne der 52 Karten bildlich als spezielle Person vorstellen musste. Dann konnte ich die Reise-Methode einsetzen, um mir die Reihenfolge der Karten zu merken.

Nach drei Monaten intensiven Trainings konnte ich nicht nur ein ganzes Kartendeck in weniger als drei Minuten lernen, sondern mir sogar mehrere Kartendecks einprägen. Später werde ich Ihnen erklären, wie es möglich ist, sich gleich mehrere Decks zu merken. Doch zuerst lernen Sie, sich ein einziges Kartendeck einzuprägen.

ZAHLENKARTEN

Sie müssen zuerst jeder Karte zwischen dem As und der Zehn eine Person zuordnen. Wir werden uns später mit den Hofkarten befassen. Am einfachsten ist es, jede Karte in ein Buchstabenpaar zu übersetzen, welches die Initialen einer Person bildet, die man Ihr zuweist (eine Technik, die wir schon als Dominic-System kennengelernt haben). Die Zahl der Karte gibt Ihnen den ersten Buchstaben vor. Das heißt, das **As** stellt bequemerweise den Buchstaben **A** dar. **2** wird zu **B**, **3** zu **C** und so weiter. Um das Ganze zu erleichtern, steht **O** für **10**. Die Farbe liefert Ihnen den zweiten Buchstaben:

♣	*TREFF*	=	*T*
◆	*KARO*	=	*K*
♥	*HERZ*	=	*H*
♠	*PIK*	=	*P*

Schreiben Sie die zehn Zahlenkarten von 1 (As) bis 0 (10) in eine Spalte. Ziehen Sie vier Spalten für die Farben: Treff, Karo, Herz und Pik. Ergänzen Sie alle Spalten, indem Sie jede einzelne Zahlenkarte in ein Buchstabenpaar umwandeln. Das As der Farbe **Treff** bekommt die Initialen **AT**; die Karte **5** von **Karo** wird **EK**; die **8** der Farbe **Herz** wird **HH** und die Zahl **10** von **Pik** wird **OP**. Ergänzen Sie nun in den Spalten die Person, die Aktionen und die Requisiten. Zum Teil können Sie auf Ihr Dominic-System (Schritt 23, 31 und 33) zurückgreifen. Das As der Farbe **Treff** ist **A**nton **T**schechow (**1=A**; **Treff=T**); die **5** von **Karo** ist **E**rich **K**ästner (**5=E**; **Karo=K**); die **8** von **Herz** ist **H**ermann **H**esse (**8 = H**; **Herz = H**) und die **10** von **Pik** ist **O**tfried **P**reußler (**10 = O**; **Pik = P**).

HOFKARTEN

Nun zu den Hofkarten. Schauen Sie zuerst, ob Sie ein Gesicht der Hofkarten an einen bestimmten Menschen erinnert. In diesem Fall setzen Sie diese Person als Vertreter der Karte ein. Ansonsten müssen Sie sich eine Figur aussuchen. Sie finden unten meine Vorschläge, die auf meinen Assoziationen mit jeder Farbe beruhen: Bei Treff muss ich an Aggression oder Golf denken; Karo hat die Form von Diamanten und steht für Reichtum; Herz erinnert mich an Stars in Liebesfilmen und Pik (sieht aus wie ein umgedrehtes Herz) steht für Bösewichter. Ordnen Sie jeder Figur eine Aktion und Requisite zu.

KARTE	FARBE	PERSON	AKTION UND REQUISITE
Bube	*Treff*	*Tiger Woods*	*Schwingt einen Golfschläger*
Dame	*Treff*	*Buffy, die Vampirjägerin*	*Zieht eine Keule*
König	*Treff*	*Muhammad Ali*	*Hat Boxhandschuhe an*
Bube	*Karo*	*Prinz Harry*	*Spielt Polo*
Dame	*Karo*	*Marilyn Monroe*	*Mit Diamanten behängt*
König	*Karo*	*Bill Gates*	*Zählt seine Diamanten*
Bube	*Herz*	*Romeo*	*Klettert auf einen Balkon*
Dame	*Herz*	*Grace Kelly*	*Wirft Kusshände*
König	*Herz*	*Cary Grant*	*Zieht seinen Hut*
Bube	*Pik*	*Gargamel*	*Jagt Schlumpfine*
Dame	*Pik*	*Cruella De Ville*	*Ist hinter Dalmatinern her*
König	*Pik*	*Darth Vader*	*Trägt seinen schwarzen Helm*

ÜBUNG 1: Aufwärmen

Wenn Sie jede Karte als Person erkennen können, sind Sie bereit, sich Ihr erstes Kartendeck zu merken. Ich schlage vor, Sie fangen zum Aufwärmen mit zehn Karten an, bevor Sie die Serie aus 52 Karten probieren.

2 Decken Sie zehn Spielkarten kurz auf und wandeln Sie jede Karte in ihre Figur um. Stellen Sie sich jede Figur entlang Ihrer Reise an der jeweiligen Station vor, wo sie Ihren Aktionen nachgeht. Falls der Karo-König Ihre erste Karte ist, zählt Bill Gates seine Diamanten an der ersten Station und so fort.

3 Wiederholen Sie die Reise und schreiben Sie die Kartenfolge in Ihr Heft.

Auswertung: *Zehn Punkte für jede richtig gemerkte Karte vor dem ersten Fehler.*

Maximale Punkte: 100 Ungeübte: 20+ Geübte: 40+ Meister: 90+

ÜBUNG 2: Das ganze Deck

Wenn Sie sich bereit fühlen, können Sie versuchen, sich Ihr erstes Kartendeck zu merken. Folgen Sie den Anweisungen von Übung 1. Doch diesmal planen Sie eine Reise mit 52 bedeutsamen Stationen und teilen das gesamte Kartendeck aus. Sie können Ihre Fortschritte messen, indem Sie sich einen zeitlichen Rahmen geben. Versuchen Sie über die nächsten vier Wochen, sich ein Kartendeck in 15 Minuten zu merken. Mit der Zeit und etwas Übung sollten Sie unter fünf Minuten kommen.

35 Wie man zum menschlichen Kalender wird

Wenn mir jemand ein Datum aus den letzten beiden Jahrhunderten nennt, kann ich ihm innerhalb von Sekunden sagen, auf welchen Wochentag das Datum gefallen ist. Erzählt mir zum Beispiel jemand, dass er am 13. Februar 1953 geheiratet hat, dann kann ich ihm sofort sagen, dass dies ein Freitag war. Warum?

Das Jahr, der Monat und der Tag ähneln einem Koordinatensystem, das mich zu einem „Ort“ führt, der mir den Wochentag verrät. Wie immer greife ich dabei auf das Leitmotiv der drei Gedächtnisschlüssel – Assoziation, Lokation und Imagination – zurück. Es ginge über den Umfang dieses Buchs hinaus, Ihnen die Mathematik hinter den Kodes zu erläutern, doch vertrauen Sie mir – sie funktionieren!

Ich zerlege das Datum in seine Einzelteile – Jahr, Monat und Tag – und gebe jedem Teil eine einstellige Kodenummer von 0 bis 6 und benutze diese, um den Wochentag des jeweiligen Datums zu errechnen.

DIE JAHRES-KODES

Ich habe ein Kodierungssystem für alle Jahre von 1800 bis 2099 entwickelt. Wir fangen mit 1900 bis 1999 an. Zuerst wähle ich in meinem Haus sechs Räume. Ich gebe jedem Raum eine Zahl zwischen 0 und 6, dem Garten (er ist kein Zimmer) teile ich die 0 zu. Dann lege ich jedes Jahr in einem bestimmten Raum ab (siehe Kasten). Um sich diese Jahres-Kodes zu merken, können Sie das Prinzip der Lokation mit dem Dominic-System kombinieren. Sie stellen sich dabei jedes Jahr als eine Person in einem bestimmten Raum auf einer großen Party vor.

SYSTEM: Die Jahres-Kodes

SCHLAFZIMMER: KODE 1	KÜCHE: KODE 5
1901, 1907, 1912, 1918, 1929, 1935, 1940, 1946, 1957, 1963, 1968, 1974, 1985, 1991, 1996	**1904, 1910, 1921, 1927, 1932, 1938, 1949, 1955, 1960, 1966, 1977, 1983, 1988, 1994**
GÄSTEZIMMER: KODE 2	ARBEITSZIMMER: KODE 6
1902, 1913, 1919, 1924, 1930, 1941, 1947, 1952, 1958, 1969, 1975, 1980, 1986, 1997	**1905, 1911, 1916, 1922, 1933, 1939, 1944, 1950, 1961, 1967, 1972, 1978, 1989, 1995**
BADEZIMMER: KODE 3	GARTEN: KODE 0
1903, 1908, 1914, 1925, 1931, 1936, 1942, 1953, 1959, 1964, 1970, 1981, 1987, 1992, 1998	**1900, 1906, 1917, 1923, 1928, 1934, 1945, 1951, 1956, 1962, 1973, 1979, 1984, 1990**
WOHNZIMMER: KODE 4	
1909, 1915, 1920, 1926, 1937, 1943, 1948, 1954, 1965, 1971, 1976, 1982, 1993, 1999	

Die Hintergrundkulisse für Ihre Feier sollte aus sechs Räumen und einem Garten (Hof) bestehen. Es muss nicht Ihr eigenes Haus sein, es muss sich jedoch um abgegrenzte Bereiche handeln und vertraute Assoziationen auslösen: Möbel, Bilder, Fenster und so fort.

Merken Sie sich die Nummer jedes Zimmers mit der Zahlenform-Methode. Stellen Sie sich z. B. einen am Regal lehnenden Golfschläger in Ihrem Arbeitszimmer vor, um sich dessen Kode 6 zu merken.

Die nächste Stufe besteht darin, jedes Jahr in eine Person zu verwandeln und auszuarbeiten, wo die Person sich befindet. Falls Sie die Zeit investiert haben, das Dominic-System von 00 bis 99 zu lernen, dann haben Sie bereits eine Liste von 100 Charakteren und es daher schon fast geschafft. Da alle Jahre sich im zwanzigsten Jahrhundert befinden, müssen Sie nur die letzten zwei Ziffern in eine Person umwandeln. Dann stellen Sie sich vor, dass die Person ihre Aktion in dem ihr zugewiesenen Bereich Ihres Hauses ausführt.

Das gibt Ihnen die Kodenummer (zwischen 0 und 6), die Sie jedem Jahr zugewiesen haben. Das heißt, wenn jemand sagt, er wurde 1968 geboren, stellen Sie sich Stephen Hawking (68 = SH) mit seinem Teleskop aus dem Schlafzimmer blickend vor, dies ergibt den Kode 1.

DIE JAHRHUNDERT-KODES

Eventuell möchten Sie einen Schritt weiter gehen und Daten aus dem 19. oder 21. Jahrhundert errechnen. Führen Sie dazu Ihre Berechnungen durch – zählen Sie den Tag, den Monats-Kode und den Jahres-Kode zusammen (all dies wird im Folgenden bis Seite 117 genauer beschrieben). Wenn Sie die Summe ermittelt haben (siehe Seite 117), addieren Sie dazu eine weitere Zahl – den Jahrhundert-Kode. Für die Jahre 1800 bis 1899, rechnen Sie 2 hinzu. Für 2000 bis 2099 addieren Sie eine 6. Dann setzen Sie Ihre Berechnungen normal fort.

DIE MONATS-KODES

Die zweite Stufe ist das Erlernen der Zahlen-Kodes für die Monate, die Sie hier auf folgender Liste finden:

SYSTEM: Die Monats-Kodes

JANUAR	*1*	*JULI*	*0*
FEBRUAR	*4*	*AUGUST*	*3*
MÄRZ	*4*	*SEPTEMBER*	*6*
APRIL	*0*	*OKTOBER*	*1*
MAI	*2*	*NOVEMBER*	*4*
JUNI	*5*	*DEZEMBER*	*6*

Sie müssen einen Punkt erreichen, wo Ihnen der Kode für jeden Monat sofort einfällt. Am besten ist es, ein fanatsievolles Bindeglied zwischen jedem Monat und seiner Kodenummer zu finden. Verwenden Sie, falls nötig, Eselsbrücken: Januar ist der **erste** Monat (1). Der Februar hat in der Regel genau **vier** Wochen. März hat **vier** Buchstaben. April erinnert mich an Aprilschauer und ich spüre fast, wie **runde** Regentropfen mir auf den Kopf tropfen (Zahlenform für 0). Mai reimt sich als Zahlenreim auf **zwei**. Juni steht für mich für die römische Göttin **Juno**, die ihr Kleid mit einer **S-förmigen Fibel** (Zahlenform für 5) zusammenhält. Juli ist der Sonnenmonat mitten im Hochsommer – und Sie ahnen es schon – so viele runde O's erinnern mich (wie auch die Regentropfen im April) an **Null**. Im August nehmen die meisten **drei** Wochen Urlaub mit viel **Gusto** auf *Eis*, was auch nur *drei* Buchstaben hat. **Se**ptember beginnt wie **Sechs** mit SE. Es gibt nur **einen einzigen** Monat im Jahr, der mit dem Buchstaben O beginnt – Oktober. November enthält dafür als einziger Monat das V für Vier. Dezember lässt mich an Weihnachten denken. Aus Mangel an anderen Assoziationen stelle ich mir einfach einen Elefanten vor, der einen Weihnachtsbaum in seinem Rüssel trägt (Zahlenform für 6). Es mag sein, dass meine Eselsbrücken Ihnen nicht weiterhelfen – dann erfinden Sie einfach Ihre eigenen.

SYSTEM: Die Tages-Kodes

SONNTAG	*1*	*DONNERSTAG*	*5*
MONTAG	*2*	*FREITAG*	*6*
DIENSTAG	*3*	*SAMSTAG*	*0*
MITTWOCH	*4*		

DIE TAGES-KODES

Nun müssen Sie nur noch die Tages-Kodes lernen. Merken Sie sich einfach, dass die Woche bei Sonntag mit 1 beginnt und am Samstag, also bei 0, endet. Um den Tages-Kode zu ermitteln, folgen Sie der Berechnung auf der nächsten Seite. Ist der 15. das Tagesdatum, ziehen Sie so oft als möglich 7 ab und zählen nur den Rest. Ziehen Sie also 14 von 15 ab, bleibt 1 – der Tages-Kode für Sonntag.

ÜBUNG: Ermittlung der Wochentage anhand der Kodes

Sie können nun jeglichen Wochentag ermitteln. Addieren Sie Monatsdatum (nach dem Abziehen der 7er), Monats-Kode und Jahres-Kode. Ist die Summe höher als 7 – beispielsweise 9 – ziehen Sie wieder so oft 7 ab wie Sie können, folglich bleibt 2: Montag. Sehen Sie nun, wie ich den Wochentag für die Hochzeit am 13. Februar 1953 errechnet habe:

1 *Tagesdatum: 13., 7 abziehen* = 6
2 *Monats-Kode: Februar* = 4
3 *Jahres-Kode: 1953 = EC = Eric Clapton*
(spielt im Badezimmer Gitarre) = 3
4 *Endsumme* = 13
5 *Durch das Abziehen von 7, bleibt 6*
6 *Was ist der 6. Tag der Woche?*
Antwort: Freitag – der 13. Februar 1953 war ein Freitag

Versuchen Sie nun anhand der beschriebenen Kodes zu ermitteln, an welchem Wochentag Sie oder jemand, den Sie gut kennen, geboren wurden.

SCHALTJAHRE UND ANDERE JAHRHUNDERTE

Falls es sich um ein Schaltjahr handelt, müssen Sie Ihre Kalkulation leicht abwandeln – allerdings nur, wenn das Datum zwischen 1. Januar und 29. Februar liegt. Ziehen Sie in diesem Fall 1 von Ihrer Endsumme ab, bevor Sie die 7 abziehen. Liegt das Datum nicht im Januar oder Februar, ziehen Sie nichts ab.

Vergessen Sie nicht, für Daten aus dem 19. oder 21. Jahrhundert nach Schritt 3 (siehe S. 114) die Jahrhundert-Kodes (jeweils 2 oder 6) dazuzuzählen.

36 Wie man sich geschichtliche Daten merkt

Wir können das Dominic-System mit den drei Schlüsseln – Assoziation, Lokation und Imagination – vereinen, um uns bestimmte Jahre des 20. Jahrhunderts zu merken. Dazu wandeln wir Zahlen in Personen und Aktionen um und verbinden sie mit dem jeweiligen Ereignis:

1 Lassen Sie sich durch die Beschreibung des Ereignisses zu einem Schlüsselbild inspirieren.

2 Betrachten Sie die Jahreszahl und übersetzen Sie die letzten zwei Zahlen gemäß des Dominic-Systems in die Initialen einer Person (Schritt 23, 31 und 33). Sie müssen die ersten zwei Zahlen nicht konvertieren, da alle Daten das zwanzigste Jahrhundert betreffen.

3 Koppeln Sie das Schlüsselbild mit der Person und deren Aktion, um ein mentales Bild zu formen, das beide Informationen vereint.

Folgende Übung umfasst 15 wichtige Jahreszahlen des 20. Jahrhunderts. Wir versuchen nun, uns gemäß der vorangegangenen Anleitungsschritte die erste Jahreszahl einzuprägen. Das Ereignis ruft in mir das Bild von einem Mann, der die Mondoberfläche betritt, hervor. Im Dominic-System ergeben die letzten zwei Ziffern von 1969 die Initialen SN. Also stelle ich mir Sam Neill vor, der vor einem Dinosaurier flieht und dabei zum ersten Mal den Mond betritt. Nun sind Ereignis und Jahr zu einem Bild vereint, das fest in meinem Geist verwurzelt ist.

ÜBUNG: Historische Daten aus dem 20. Jahrhundert

Lernen Sie mit Hilfe der Methode, die wir gerade durchgegangen sind, diese Liste mit 15 Ereignissen und Jahreszahlen. Sie haben fünf Minuten:

EREIGNIS	JAHR
Erster Mensch auf dem Mond	***1969***
Fall der Berliner Mauer	***1989***
Die Watergate-Affaire	***1972***
Bikini Atoll A-Bombe	***1946***
Mahatma Gandhi ermordet	***1948***
Ausbruch des Falkland Krieges	***1982***
Titanic sinkt	***1912***
Eröffnung des englischen Kanal-Tunnels	***1994***
Kuba-Krise	***1962***
San Francisco Erdbeben	***1906***
Yuri Gagarin ist der erste Mensch im All	***1961***
Tod von Elvis Presley	***1977***
Entdeckung des Penicillins	***1928***
Die Hindenburg-Luftschiffkatastrophe	***1937***
Vulkanausbruch des Mount St. Helen	***1980***

Decken Sie nun die Jahreszahlen ab und testen Sie, ob Sie sich daran erinnern können – schreiben Sie die Antworten in Ihr Notizbuch.

Auswertung: *Einen Punkt für jede richtige Antwort.*

Maximale Punkte: 15 *Ungeübte: 3+* *Geübte: 7+* *Meister: 14+*

37 Wie man sich Telefonnummern und Termine merkt

Wenn Sie nun schon öfter das Dominic-System (Schritt 23, 31 und 33) benutzt haben, sollten Sie eine Liste von 100 Charakteren mit speziellen Aktionen und Requisiten besitzen, die alle zweistelligen Zahlen von 00 bis 99 repräsentieren. Sobald Sie jedes Zahlenpaar als Person mit ihrer jeweiligen Aktion oder Requisite erkennen können, wird Ihnen das Lernen von längeren Zahlenketten viel leichter fallen.

Jedes Zahlenpaar führt Sie dann zu den Initialen einer speziellen Person. Mit regelmäßiger Praxis sollte das Erkennen einer zweistelligen Zahl so einfach gehen, wie einfache Zahlenformen zu erkennen. Zum Beispiel wird Ihnen bei der Zahl 43 automatisch David Copperfield (DC = 43) einfallen, der ein Kaninchen aus einem Hut zieht.

Merken Sie sich dabei eine generelle Regel: Egal welche Zahl Sie sich merken wollen, platzieren Sie Ihren Charakter in einer themenbezogenen Örtlichkeit. Falls Sie zum Beispiel morgen eine Reise machen und den Bus Nr. 43 nehmen müssen, dann verwenden Sie eine Busstation als Merkbild. Sie könnten sich David Copperfield vorstellen, wie er entweder an der Busstation wartet oder den Bus selbst lenkt und dabei ein Kaninchen aus dem Hut zieht.

TELEFONNUMMERN

Wie können wir nun das Dominic-System in Bezug auf Telefonnummern mit einer sachdienlichen Hintergrundkulisse anwenden? Stellen Sie sich vor, Sie wollen sich die Telefonnummer Ihres Frisiersalons

TELEFONNUMMER DES FRISIERSALONS – 226 8357

merken. Wahrscheinlich kennen Sie die Vorwahl schon, daher brauchen Sie diese nicht zu berücksichtigen.

Stellen Sie sich das Interieur des Frisiersalons vor, den Sie regelmäßig besuchen. Dann zerlegen Sie die Nummer gemäß dem Dominic-System in drei Zahlenpaare, die vertraute Charaktere darstellen. Für die letzte Ziffer können Sie die Zahlenform-Methode anwenden:

22	=	***BORIS BECKER***
68	=	***STEPHEN HAWKING***
35	=	***CLINT EASTWOOD***
7	=	***BUMERANG (ZAHLENFORM FÜR 7)***

Nun haben Sie etwas Greifbares, mit dem Sie arbeiten können, und müssen nur noch die Charaktere aneinanderreihen, um eine kurze Abfolge zu bilden.

Stellen Sie sich Boris Becker vor, der beim Betreten des Frisiersalons einen Aufschlag macht. Er wird von Stephen Hawking begrüßt, der am Empfangstisch sitzt und durch sein Teleskop blickt. Er geht weiter zum Friseursessel, hinter dem Clint Eastwood einen Bumerang wirft. Die Abfolge, in der Sie den Charakteren begegnen, stellt sicher, dass Sie sich die Zahlen in der richtigen Reihenfolge merken.

DAS KOMPLEXE DOMINIC-SYSTEM

Ob Muttertag, ein Geburtstag oder Ihr Hochzeitstag – dieselben Prinzipien, die Sie gerade bei Telefonnummern angewandt haben, lassen sich auch auf wichtige Termine münzen. Der Ort, den Sie als Gedächtnisstütze verwenden, sollte sich um die betreffende Person drehen. Sagen wir, der Geburtstag Ihrer Nichte Julia am 8. November steht unmittelbar bevor. Wie können Sie sich daran erinnern?

Das Datum beschreibt den elften Monat des Jahres und davon den achten Tag, also 11–08. Das führt uns laut dem Dominic-System zu Andre Agassi (AA = 11), der eine Melone trägt (Requisite von Oliver Hardy = 08). Sie könnten die Szene im Kinderzimmer Ihrer Nichte spielen lassen. Bei dieser Methode steht die Person (Andre Agassi) immer für den Monat und die Aktion oder Requisite für den Tag.

Wenn Sie das Datum in seiner eigentlichen Anordnung belassen, ergibt sich 08–11. In diesem Fall ist Oliver Hardy (OH = 08) die Person, die die Aktion oder Requisite von Andre Agassi (AA = 11) übernimmt und seinen Tennisschläger hält. Hier steht die Person immer für das Datum und die Aktion oder Requisite für den Monat.

Beachten Sie, wie wir dieses Mal ein komplexes Bild aus einer Person und einer Aktion geformt haben. Ein Charakter hat die Aktion des anderen übernommen. Ich nenne dies das Komplexe Dominic-System. Wir hätten uns natürlich auch beide Charaktere mit ihren eigenen Aktionen vorstellen können, doch das ist mehr Arbeit: zwei Charaktere plus zwei Aktionen. Stattdessen haben wir die Szene zu einem Charakter und einer Aktion reduziert und so ein dichtes Bild geschaffen, das sich geistig leichter verankern lässt.

ÜBUNG: Anwendung des Komplexen Dominic-Systems

Hier ist eine Liste aller zweistelligen Zahlen, die willkürlich angeordnet und zu Paaren gruppiert sind. Stellen Sie sich jedes Paar als Person samt Aktion/Requisite vor. Übersetzen Sie die Zahlen in Buchstaben, die die Initialen der Person oder Ihrer Aktion/Requisite bilden. Mit viel Übung automatisiert sich der Prozess.

76 16 *61 68* *97 33* *42 88* *36 27*

96 08 *20 59* *10 77* *30 04* *65 83*

06 52 *35 00* *55 81* *99 26* *03 53*

89 72 *57 32* *07 51* *49 73* *39 43*

62 60 *12 56* *31 05* *75 82* *66 85*

21 09 *29 80* *34 95* *41 90* *67 84*

17 87 *71 25* *58 47* *44 28* *63 11*

94 79 *01 74* *38 18* *23 70* *91 40*

86 15 *92 46* *22 19* *24 48* *69 93*

98 37 *64 14* *45 02* *50 78* *13 54*

38 Wie man sich die Nachrichten merkt

Zeitungen sind wertvolle Informationsquellen, an denen wir unsere Gedächtnistechniken üben können. Die Herausforderung liegt in der Vielfältigkeit des Angebots – auf einer Seite finden Sie Einzelheiten zu einer komplexen Betrugsaffaire, auf einer anderen Neuheiten zu einer geplanten, jeden Rekord brechenden Hängebrücke, und anderswo einen Bericht über den Territorialkonflikt zweier Fremdmächte.

Zeitungen verfolgen die Entwicklung von Ereignissen Ausgabe für Ausgabe – jedoch nicht notwendigerweise mit großer Stetigkeit. Bestimmte Geschichten beherrschen die Schlagzeilen ein paar Wochen und verschwinden dann wieder, um später mit Neuentwicklungen wieder in Erscheinung zu treten. Dann haben wir allerdings meist schon die Details der ursprünglichen Geschichte vergessen.

Mit der folgenden Übung lernen wir, Zeitungsnachrichten zu folgen und uns an deren Verlauf zu erinnern. Wir verwenden dazu die Reise- und die Verknüpfungs-Methode. Ein Zeitungsartikel beinhaltet normalerweise Daten, Namen (speziell ausländische Regierungschefs), Parteien, Abkommen, Statisiken und so fort. Dies stellt Sie vor die Herausforderung, aus Ihrem Repertoire an Gedächtnishilfen jene auszuwählen, die am besten dafür geeignet ist, diese unterschiedlichen Datentypen zu verwalten. Denn das Kennen dieser grundlegenden Fakten wird Ihr Verständnis des weiteren Kontextes des Artikels bereichern.

Sie können natürlich auch die Finanz- oder Sporttabellen dazu nutzen, Ihre Fähigkeit, sich Zufallszahlen zu merken, zu trainieren.

ÜBUNG: Nachrichten verfolgen

Diese Methode hilft Ihnen, die wichtigen Punkte mehrerer Nachrichten zu verfolgen sowie den Zeitpunkt der Berichterstattung.

1 Verfolgen Sie drei unterschiedliche Zeitungsgeschichten für mindestens einen Monat oder solange sich diese sich hinziehen. Belegen Sie jede Artikelfolge mit einer passenden Reise: Zum Beispiel verlegen Sie eine Geschichte zum Thema Umwelt in Ihren Park. Wählen Sie Reisen, zu denen Sie gegebenenfalls neue Stationen hinzufügen können. So könnte die letzte Station Ihres Arbeitsweges mit der ersten Station zum Fitness-Center zusammenfallen.

2 Trennen Sie beim Lesen eines Artikels das Beiläufige vom Wesentlichen. Konzentrieren Sie sich auf die zentralen Fakten und Ereignisse.

3 Prägen Sie sich die Daten entsprechend der behandelten Schritte ein: Menschen anhand von Schritt 15, Statistiken und Zahlen mit dem Dominic-System (Schritt 23, 31 und 33), Termine mit dem Komplexen Dominic-System (Schritt 37, Seite 122), Orte anhand von Schritt 18, Zitate anhand von Schritt 27 und so fort. Vereinen Sie diese Daten in einer einzigen Szene – etwa ein Politiker, der zu bestimmter Zeit an einem bestimmten Ort eine Rede hält. Dann legen Sie das Bild an einer Station Ihrer Reise ab.

2 Immer bevor Sie einen neuen Artikel über Ihr Thema lesen, wiederholen Sie Ihre bisherige Reise, um zu sehen, ob Sie sich noch an die gespeicherten Daten erinnern. Sobald die Geschichte Ihren Lauf genommen hat, verwenden Sie die „Fünfer-Regel" (Schritt 30), um sie sich langfristig zu merken.

39 Wie man sich die Oscar-Preisträger merkt

Falls Sie zu den Leuten zählen, die Filme lieben, dann werden Sie die Gewinner der Kategorie „Bester Film“ der letzten Jahre kennen. Aber wissen Sie auch, in welchen Jahren sie den Preis erhielten? Werfen Sie einen Blick auf die Liste der 30 Gewinnerfilme zwischen 1971 und 2000. Wie könnten Sie sich die Namen und Titel am besten einprägen?

TITEL: Oscar – Die 30 besten Filme von 1971 bis 2000

Brennpunkt Brooklyn	*1971*	*Platoon*	*1986*
Der Pate	*1972*	*Der letzte Kaiser*	*1987*
Der Clou	*1973*	*Rain Man*	*1988*
Der Pate Teil II	*1974*	*Miss Daisy und ihr Chauffeur*	*1989*
Einer flog über's Kuckucksnest	*1975*	*Der mit dem Wolf tanzt*	*1990*
Rocky	*1976*	*Das Schweigen der Lämmer*	*1991*
Der Stadtneurotiker	*1977*	*Erbarmungslos*	*1992*
Die durch die Hölle gehen	*1978*	*Schindlers Liste*	*1993*
Kramer gegen Kramer	*1979*	*Forrest Gump*	*1994*
Eine ganz normale Familie	*1980*	*Braveheart*	*1995*
Die Stunde des Siegers	*1981*	*Der englische Patient*	*1996*
Gandhi	*1982*	*Titanic*	*1997*
Zeit der Zärtlichkeit	*1983*	*Shakespeare in Love*	*1998*
Amadeus	*1984*	*American Beauty*	*1999*
Jenseits von Afrika	*1985*	*Gladiator*	*2000*

ÜBUNG: Die 30 Oscar-Gewinner – „Bester Film"

Alles was Sie brauchen, um sich die 30 ausgezeichneten Filme auf der gegenüberliegenden Seite zu merken, ist eine 30 Stationen umfassende Reise. Sollten Sie diese langfristig im Gedächtnis behalten wollen, würde ich Ihnen raten, eine eigene Route zu diesem Zweck anzulegen, die in Ihrem Lieblingskino beginnen könnte.

Unten finden Sie zehn Stationen einer Reise, die ich für die ersten zehn Filme verwenden würde:

1 ***Abendkasse***
2 ***Popcorn-Stand***
3 ***Kinoleinwand***
4 ***Erste Reihe***
5 ***Letzte Reihe***
6 ***Filmprojektor***
7 ***Toiletten***
8 ***Barbereich***
9 ***Drehtüren***
10 ***Taxi-Stand***

Ich würde meine Reise schrittweise auf meine Stadt ausweiten und an jeder fünften, zehnten, fünfzehnten, zwanzigsten, fünfundzwanzigsten und dreißigsten Station eine geistige Notiz hinterlegen – in der letzen Reihe, beim Taxi-Stand und so fort.

Dann würde ich mir die Filme auf der Liste merken, indem ich jeden einzelnen in ein Schlüsselbild umwandle, das ich dann auf den jeweiligen Reisestationen platziere. Also stelle ich mir vor, dass mir an der ersten Station ein Mann, auf dessen Kappe „Brooklyn" steht, die Karten verkauft. Bei der zweiten Station erblicke ich meinen Paten, der sich eine Tüte Popcorn kauft. Bei der dritten sehe ich den Titel „Der Clou" groß auf der Leinwand und so fort.

Fortsetzung der Übung

Sie bemerken vielleicht, dass wir hier nicht wie bei den historischen Ereignissen (Schritt 36) das Dominic-System benötigen, um Jahre in Figuren umzuwandeln, da die durchgehende Reihung der Filme von 1971 bis 2000 durch die Reiseroute markiert wird.

Ich habe mir im Geist Notizen zu den Stationen in Fünfer-Sprüngen gemacht. Die letzte Reihe steht für 1975, der Taxi-Stand für 1980 und so weiter, bis zum Jahr 2000, der dreißigsten Station. Das erlaubt mir, jedes dazwischen liegende Jahr und den entsprechenden Film rasch zu orten, da ich nicht die ganze Reise durchlaufen muss, sondern zwischen diesen Schlüsselstationen springen kann.

Denken Sie sich nun Ihre eigene Reise aus. Sie können wie ich bei einem Kino beginnen und Ihre Route auf die Stadt ausdehnen oder eine andere Reise wählen. Vergessen Sie jedoch nicht, jede fünfte Station geistig zu markieren.

Schreiben Sie nun die Jahreszahlen in Ihr Notizheft und versuchen Sie, jedem Jahr den entsprechenden Film zuzuordnen.

Auswertung: *Ein Punkt für jede richtige Antwort.*
Maximale Punkte: 30 *Ungeübte: 5+* *Geübte: 24+* *Meister: 29+*

Sie können auch jemanden bitten, Ihnen zufällig Jahreszahlen der Liste zu nennen, denen Sie Filme zuordnen müssen. So lernen Sie mittels der Schlüsselstationen kreuz und quer durch Ihre Reise und die zugeordneten Filme zu springen.

Wie man sich Gedichte merkt

Der Zweck von Rhythmus und Reim liegt teilweise darin, Poesie und Dichtung besser in Erinnerung behalten zu können. Wenn wir sagen, wir kennen ein Gedicht „in- und auswendig" – wenn wir es fühlen, es verstehen und seine Musik wahrnehmen – es also tief in unserem Inneren nachempfinden können, dann können wir auch leichter den Wortlaut auswendig lernen. Jedoch haben wir meist kaum Zeit dazu.

Bei diesem Schritt zeige ich Ihnen, wie Sie die Reise-Methode zum Erlernen von Gedichten anwenden können. Ich bevorzuge in diesem Fall eine Reiseroute im Freien, da ich für jede der Stationen einige Schlüsselbilder forme, die sich im Freien besser verstreuen lassen.

Dabei wandelt man gewisse Worte einer Zeile in Schlüsselbilder um, die man verbindet und dann geistig an einer bestimmten Reisestation „platziert".

Sie können diese Technik anhand der nächsten Übung selbst ausprobieren. Achten Sie darauf, dass Sie an jeder Station entlang Ihrer Reiseroute eine Assoziation zwischen dem Schauplatz (Lokation) und dem ersten Wort der Gedichtzeile herstellen – *plus* dem tatsächlichen Gegenstand der Zeile, die Sie sich gerade merken wollen. Dies ist eine anspruchsvolle Übung und hängt stark von der Komplexität der jeweiligen Gedichtzeile ab. Daher werden Sie manchmal mehrere Schlüsselbilder benötigen, um sich an die ganze Zeile Wort für Wort erinnern zu können. Doch brechen Sie nicht in Panik aus – ich lasse Sie dabei nicht völlig allein.

ÜBUNG: Gedichtzeilen einprägen

1 Lesen Sie sich die 14 Gedichtzeilen des Sonetts von Rainer Maria Rilke durch und denken Sie sich eine 14 Stationen umfassende Reise aus, zu der das Gedicht passt.

AUS „SONETTE AN ORPHEUS“ (Rainer Maria Rilke)

ROSE, du thronende, denen im Altertume ***(6)***
warst du ein Kelch mit einfachem Rand. ***(7)***
Uns aber bist du die volle zahllose Blume, ***(8)***
der unerschöpfliche Gegenstand. ***(3)***

In deinem Reichtum scheinst du wie Kleidung um Kleidung ***(9)***
um einen Leib aus nichts als Glanz; ***(7)***
aber dein einzelnes Blatt ist zugleich die Vermeidung ***(8)***
und die Verleugnung jedes Gewands. ***(5)***

Seit Jahrhunderten ruft uns dein Duft ***(6)***
seine süßesten Namen herüber; ***(4)***
plötzlich liegt er wie Ruhm in der Luft. ***(8)***

Dennoch, wir wissen ihn nicht zu nennen, wir raten … ***(9)***
Und Erinnerung geht zu ihm über, ***(6)***
die wir von rufbaren Stunden erbaten. ***(6)***

Gesamtzahl der Wörter ***(92)***

2 Geben Sie sich 15 Minuten, um sich so viele Wörter, wie Sie können, von den 14 Zeilen des Gedichts einzuprägen.

3 Zu Beginn Ihrer Reise können Sie sich gleich als erstes Schlüsselbild für die Zeile sowie den Zeilenanfang eine Rose vorstellen. Sie können das Bild der Rose mit dem weiteren Zeilenverlauf zu einem komplexen Bild vereinen – die Rose könnte auf einem antiken Thron wachsen. Daher beginnt meine Reise im antiken Griechenland, wo eine Rose in einem Säulentempel auf einem Thron blüht, der von Menschen („denen im Altertume“) umgeben ist.

4 Bei der zweiten Station formen Sie das Merkbild für den nächsten Zeilenanfang. Was assoziieren Sie mit „warst du“? Vielleicht müssen Sie an die typische Nikolaus-Frage denken: „Warst du auch brav?“ Stellen Sie sich also vor, dass Sie der Nikolaus in diesem Stil befragt und dabei einen Kelch „mit einfachem Rand“ in der Hand hält, um sich an die zweite Zeile zu erinnern.

5 An der dritten Station könnten Sie die Alphabet-Methode (Schritt 14) anwenden, um sich den Zeilenanfang „uns“ („Uniform“) zu merken. Uniformierte Polizisten („uns“) springen „voll“ Freude in einem Feld „zahlloser“ Blumen herum. Bilden Sie nun Schlüsselbilder für alle weiteren Zeilen des Sonetts und schreiben Sie diese danach auswendig in Ihr Notizbuch.

Auswertung: *Zählen Sie nun die Wörter, die Sie sich richtig gemerkt haben. Es gibt einen Punkt für jedes Wort in der richtigen Abfolge.*

Maximale Punkte: 92 *Ungeübte: 12+* *Geübte: 40+* *Meister: 85+*

Kapitel 4

Meisterklasse

- *Schritt 41* **Die Forum-Romanum-Methode**
- *Schritt 42* **Wie man sich historische Jahreszahlen merkt**
- *Schritt 43* **Gedächtnis hoch zwei – der Speicher im Speicher**
- *Schritt 44* **Wie man sich Binärzahlen merkt**
- *Schritt 45* **Wie man ein Wörterbuch auswendig lernt**
- *Schritt 46* **Wie man sich mehrere Kartendecks merkt**
- *Schritt 47* **Wie man sich Gesichter und Namen merkt**
- *Schritt 48* **Gesunder Körper, gutes Gedächtnis**
- *Schritt 49* **Wie man bei Ratespielen gewinnt**
- *Schritt 50* **Gedächtnisspiele**
- *Schritt 51* **Gedächtnisübungen mit Zahlen**
- *Schritt 52* **Wie genial ist Ihr Gedächtnis jetzt?**

Nun, da Sie bis zum letzten Kapitel dieses Buchs vorgedrungen sind, ist es Zeit. Ihren Gedächnismuskel bis an seine Grenzen zu trainieren. In manchen der Schritte werden Sie die bisher gelernten Techniken festigen und erweitern – in Schritt 41 (Methode der Römischen Räume) und in Schritt 43 (Der Speicher im Speicher) werde ich Ihnen zum Beispiel Erweiterungen zur Reise-Methode vorstellen, um die Speicherkapazität Ihrer Reise zu steigern. Und in Schritt 46 lehre ich Sie, wie Sie sich mit Hilfe des Komplexen Dominic-Systems mehrere Kartendecks einprägen können.

Sie werden sogar die Gelegenheit haben, einige der Herausforderungen auszuprobieren, die bei den Gedächtnis-Weltmeisterschaften abgehalten werden, wie den Binärzahlen-Test. Diese Übungen sind ziemlich schwierig, doch ich bin fest überzeugt, dass Sie mit Hilfe meiner neu entwickelten Techniken – wie etwa meinem Binärzahlen-Kodierungssystem (Schritt 44) zum Erlernen langer Binärzahlen-Kodes – selbst beeindruckt sein werden.

In den letzten Schritten dieses Kapitels biete ich einige Spiele und Hinweise an, um Ihre Gedächtnisleistung zu stärken. Sie finden auch Übungen zur Wiederholung – damit Sie Ihre Zahlenerinnerungs-Techniken auffrischen können. Sie werden Ihr Training mit einigen kurzen Tests in Schritt 52 abschließen, die Ihnen zeigen, wie sehr sich Ihr Gedächtnis seit Schritt 1 verbessert hat.

41 Die Forum-Romanum-Methode

In Schritt 10 haben Sie sich eine Erledigungsliste mit zehn Arbeiten mittels einer Reise durch Ihr Haus oder Ihre Wohnung eingeprägt. Erinnern Sie sich? Tierarzt anrufen, Sonnenbrille ... und so fort.

Falls Sie sich die Liste gemerkt haben, dann liegt dies vermutlich daran, dass Sie sich an die Reise über zehn Stationen durch Ihr Zuhause erinnern. Ich zeige Ihnen nun, wie Sie diese mit der gleichen Raumanzahl in eine Reise verwandeln können, die fünf-, zehn- oder sogar 50-mal mehr Posten umfassen kann. Dabei kombinieren wir die Reise-Methode mit der Forum-Romanum-Methode.

Die Forum-Romanum-Methode beruht darauf, verschiedene Gegenstände oder Bereiche in einem Raum als Haken oder Klammern zu verwenden, um die Informationen, die Sie sich merken wollen, dort zu verankern. Sie könnten zum Beispiel an der ersten Station – Ihrer Eingangstür – fünf weitere Mini-Stationen bilden: Türschwelle, Briefkasten, Klingel, Klinke und Türrahmen. Dabei ist es sinnvoll, sich auf eine durchgehende Richtung in jedem Raum oder Bereich festzulegen. In anderen Worten, die fünf Objekte sollten vor Ihrem geistigen Blickwinkel immer im Uhrzeigersinn angeordnet sein.

Blicken Sie in einem Ihrer Räume von links nach rechts. Wie viele Objekte können Sie abzählen – einen Tisch, einen Stuhl, ein Fenster und zwei Bilder an der Wand? Es gibt sicher genug Möbel, Geräte, Zierrat, Kochutensilien und sonstige Objekte, an die Sie eine Liste von mehr als 100 Einheiten ketten könnten.

ÜBUNG: Forum Romanum

In dieser Übung finden Sie eine Liste mit 50 Einkaufsposten vor (nächste Seite). Prägen Sie sich die Liste ein, indem Sie jeden Posten nur ein einziges Mal betrachten. Sie benötigen dazu nur Ihre zehn Stationen umfassende Reise durch Ihre Wohnstatt. Zusätzlich wählen Sie in jedem Raum fünf Möbel, Gegenstände oder abgegrenzte Bereiche, um Ihren geistigen Speicherplatz auf 50 Stationen zu erhöhen.

Sobald Sie eine Reise mit zehn Stationen, von denen jede fünf Mini-Stationen umfasst, gebildet haben und sich sicher sind, dass Sie alle 50 Plätze in der richtigen Reihenfolge wissen, geben Sie sich nicht mehr als 15 Minuten, um sich die Liste von 50 Einkaufsposten auf der folgenden Seite einzuprägen.

Gehen Sie die Liste flüssig von Anfang bis Ende durch und bilden Sie dabei Verknüpfungen zwischen den Posten und den Gegenständen in Ihrer Wohnung. Widerstehen Sie der Versuchung, nochmals Ihre Verknüpfungen durchzugehen, um diese besser zu verankern. Vertrauen Sie fest auf Ihre Vorstellungskraft und die Kombination der Reise, und die Anwendung imaginativer Assoziation wird diese Liste direkt in Ihrem Langzeitgedächnis verstauen. Gehen Sie erst ganz am Schluss die Liste nochmals durch, um Ihre Verknüpfungen zu festigen.

Fortsetzung der Übung

EINKAUFSLISTE

1 ***Topfpflanze***
2 ***Brot***
3 ***Klebeband***
4 ***Butter***
5 ***Würstchen***
6 ***Kochbuch***
7 ***Kaffeebohnen***
8 ***Pfeffermühle***
9 ***Glühbirne***
10 ***Koffer***
11 ***Zahnbürste***
12 ***Schere***
13 ***Batterien***
14 ***Seife***
15 ***Nadeln***
16 ***Fahrradpumpe***
17 ***Vase***
18 ***Parfum***
19 ***Ballettschuhe***
20 ***Stofftier***
21 ***Schlüsselring***
22 ***Bleistifte***
23 ***CD***
24 ***Hundehalsband***
25 ***Hammer***
26 ***Zeitung***
27 ***Milch***
28 ***Tulpen***
29 ***Laptop***
30 ***Fotoapparat***
31 ***Goldkette***
32 ***Eiscreme***
33 ***Kissenbezug***
34 ***Papierdrachen***
35 ***Weingläser***
36 ***Bier***
37 ***Pfirsiche***
38 ***Eier***
39 ***Lachs***
40 ***Nägel***
41 ***Weidenkorb***
42 ***Joghurt***
43 ***Kerzen***
44 ***Girlanden***
45 ***Golfschläger***
46 ***Landkarte***
47 ***Spielkarten***
48 ***Blaue Luftballons***
49 ***Taschenrechner***
50 ***Rote Farbe***

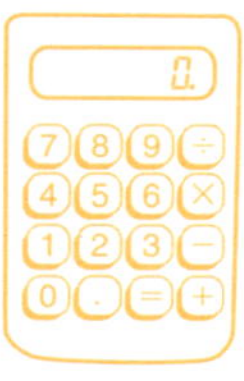

Probieren wir den ersten Teil gemeinsam. Wie würden Sie die ersten fünf Posten auf der Einkaufsliste mit den ersten fünf Mini-Stationen Ihrer Reise verbinden? Sie könnten sich vorstellen, Sie stünden an Ihrer Türschwelle, wo eine große Topfpflanze steht, über die Sie steigen müssen. Dann sehen Sie einen Laib Brot aus Ihrem Briefkasten ragen. Sie bemerken, dass die Türklingel mit Klebeband umwickelt ist. Ihre Hand rutscht ab, als Sie die Klinke fassen wollen, da diese voll Butter ist. Sobald Sie es geschafft haben, die Tür zu öffnen, hängt eine Wurstkette vom Türrahmen.

Gehen Sie nun zur zweiten Station Ihrer Reise und platzieren Sie die nächsten fünf Posten an deren Mini-Stationen, und so weiter, bis zum Ende der Liste.

Schreiben Sie nun so viele Einkaufsposten in richtiger Reihenfolge in Ihr Notizbuch wie möglich. Dies ist eine sehr schwierige Übung und ich erwarte daher nicht von Ihnen, dass Sie schon beim ersten Mal 50 richtige Posten erreichen.

Auswertung: *Zwei Punkte für jeden richtig gemerkten Einkaufsposten.*

Maximale Punkte: 100 *Ungeübte: 5+* *Geübte: 22+* *Meister: 90+*

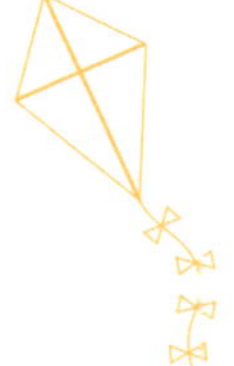

42 Wie man sich historische Jahreszahlen merkt

In Schritt 36 haben wir gelernt, uns Jahreszahlen des 20. Jahrhunderts zu merken. Wir haben das Dominic-System angewandt, um die letzen zwei Jahreszahlen in eine Person umzuwandeln. Falls Sie sich jedoch weiter zurückliegende, gegenwärtige oder zukünftige Jahreszahlen merken wollen, müssen Sie alle vier Zahlen berücksichtigen.

Ich verwende dafür das Komplexe Dominic-System (siehe Seite 122), um das Jahr in ein komplexes Bild (Person plus Aktion) umzuwandeln. Dann finde ich wie in Schritt 36 einen Weg, das Bild mit dem Ereignis zu verbinden. Ich nehme Schlüsselbilder (oder -wörter) von jedem Ereignis und verknüpfe sie mit dem Jahr. Nehmen wir ein erfundenes Beispiel: Stellen Sie sich vor, ein Schimpanse hätte 1808 als erstes Tier ein Kartendeck auswendig gelernt. Wie würden Sie sich das merken? Zuerst übersetze ich das Jahr 1808 in Anthony Hopkins (AH = 18), der eine Melone trägt (Requisite von Oliver Hardy; OH = 08). Dann nehme ich das Schlüsselbild des Ereignisses, also den Schimpansen, der ein Kartendeck hält. Nun brauche ich einen passenden Ort, um diese Bilder abzulegen und zu einer Szene zu vereinen. Ich lege das Bild von Anthony Hopkins mit Melone im Affenhaus ab, wo der Schimpanse ein Kartendeck hält. Durch diesen Prozess werden das Ereignis und das Jahr so lebhaft in Ihr Gedächtnis eingeprägt, dass Sie es kaum vergessen werden. Sie können sich jedoch als weitere Gedächtnishilfe für diese Art der Information zuerst eine Reise anlegen, entlang welcher Sie jedes Ereignis ablegen.

ÜBUNG: Historische und zukünftige Daten

Sie haben fünf Minuten, um sich diese Liste mit 15 Jahreszahlen und fiktiven Ereignissen einzuprägen. Sie können dazu eine Reise benutzen.

	EREIGNIS	JAHR
1	*Erste Zeitmaschine erfunden*	*1911*
2	*Flugkamele sterben aus*	*1234*
3	*Frauen regieren die Welt*	*2078*
4	*Musiker verzehrt sein Klavier*	*1444*
5	*Atlantis am Südpol entdeckt*	*1612*
6	*Menschen fressende Frösche auf Malta*	*1893*
7	*Oktopus-Tinte ist Mittel zu ewiger Jugend*	*1759*
8	*Kartoffeln sind wertvoller als Gold*	*2023*
9	*Paris beschließt eine Jongleur-freie Zone*	*1065*
10	*Der Gruß „Hallo“ wird zum ersten Mal verwendet*	*1130*
11	*Sprechende Fahrräder sind hoch in Mode*	*1342*
12	*Gitarre dient als Pfeil und Bogen*	*1276*
13	*Ulme wird zum Präsidenten von Peru gewählt*	*2064*
14	*Unterwasser-Feuer stellt sich als ungefährlich heraus*	*1489*
15	*Mit Füller bewaffneter Mann mit Schwert ermordet*	*1998*

Decken Sie nun diese Seite ab und testen Sie, wie viele Ereignisse und deren zugeordnete Jahrezahlen Sie auswendig in Ihr Notizheft schreiben können.

Auswertung: *Ein Punkt für jede richtige Antwort.*

Maximale Punkte: 15 *Ungeübte: 3+* *Geübte: 9+* *Meister: 14+*

43

Gedächtnis hoch zwei – der Speicher im Speicher

Schritt 41 hat uns gezeigt, wie die Forum-Romanum-Methode als Reise in einer Reise funktioniert. Man knüpft gewisse Objekte in einem Raum an Informationen, die man sich merken will. Nun werden wir tatsächliche Listenposten, die Sie sich merken wollen, als Aufhänger verwenden, um daran *andere* Posten zu knüpfen, die Sie sich ebenfalls merken wollen. Mit anderen Worten: Sie werden eine Erinnerung in einer anderen Erinnerung abspeichern.

Sehen wir uns das anhand eines sehr kurzen Beispiels an. Betrachten Sie die Namensliste im kleinen Kasten und stellen Sie sich jemanden, den Sie kennen (oder eine berühmte Person), an jeweils einer Station Ihrer Reise vor. Benutzen Sie Ihre Fantasie: Wenn Ihnen keine Person Rosi einfällt, dann stellen Sie sich stattdessen eine Rose vor. Sobald Sie die Namen abgespeichert haben, wiederholen Sie die Reise. Doch dieses Mal verwenden Sie jede Person als Aufhänger für ein Wort (aus der zweiten Spalte). Wenn Sie also Ihre spezielle Rosi (oder eine Rose) an der ersten Station Ihrer Reise (etwa der Eingangstür) treffen, stellen Sie sich diese erneut bei der Tür vor, nur dieses Mal hält sie einen Kieselstein in der Hand (oder ein Kiesel liegt bei der Rose). Bei der zweiten Station wartet wieder Chris auf Sie, doch diesmal sehen Sie ihn lachen.

ROSI	*KIESELSTEIN*
CHRIS	*LACHEN*

ÜBUNG: Erinnerungen innerhalb der Erinnerung

Prägen Sie sich zuerst die Liste mit den 20 Namen und dann jene mit den 20 Begriffen der zweiten Spalte ein. Verbinden Sie dabei die Reise-Methode mit Ihrer Vorstellungskraft zu einprägsamen Assoziationen.

NAME	BEGRIFF
KAROLINE	*ZEITSCHRIFT*
HANNA	*TELEFON*
MARTIN	*KUSS*
ANNE	*FLUG*
SARAH	*ROMAN*
DAVID	*WUT*
RUPERT	*MALER*
ALEXANDER	*HOSTESS*
PETER	*SCHLAF*
MARIA	*HÜFTE*
BETTINA	*OHNMACHT*
KARIN	*LIED*
SAM	*STUNDE*
EDWARD	*CHEF*
ANNE	*KLAVIER*
STEFAN	*STIEGE*
ANDI	*SCHLAG*
KERSTIN	*HAND*
DOMINIC	*KARTEN*
SANDRA	*TÄNZER*

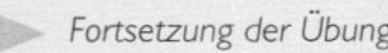

Fortsetzung der Übung

1 Bereiten Sie eine 20-teilige Reise vor. Arbeiten Sie die Namensliste durch, visualisieren Sie an jeder Station eine Person oder ein Bild für deren Namen.

2 Sobald Sie alle 20 Namen abgelegt haben, durchlaufen Sie die Reise noch einmal und verbinden dabei die Begriffe mit den Personen.

3 Wenn Sie alle 20 Bildkombinationen von Personen und Begriffen gespeichert haben, geben Sie sich zwei Minuten, um die ganze Reise nochmals zu durchdenken. Dann decken Sie die Seite ab und versuchen innerhalb von fünf Minuten die zwei Spalten in Ihr Notizbuch zu schreiben.

Auswertung: *Einen Punkt für jede richtige Person und einen für jeden richtigen Begriff.*
Maximale Punkte: 40 Ungeübte: 8+ Geübte: 26+ Meister: 38+

Falls Sie dreizehn oder mehr Punkte haben, könnten Sie sich nochmals überprüfen lassen. Lassen Sie sich von einem Freund in einer „Schnellfeuerrunde“ 20 Fragen zu den 40 Wörtern stellen. Zum Beispiel: „Wen assoziierst du mit Wut?“, „Wer ist die 18. Person auf der Liste und welcher Begriff ist ihr zugeordnet? „oder „Wer kommt vor der Person, die mit Lied assoziiert wird?“ Dies zeigt, wie flüssig und gewandt Sie darin sind, quer durch Ihre Reise zu springen und verschiedene Informationseinheiten abzurufen.

Diese Übung zeigt, wie Sie – theoretisch – unendlich viele weitere Spalten mit Daten hinzufügen könnten. Zum Beispiel könnte Karoline eine Zeitschrift über chinesische Geiger lesen und so weiter und so fort.

44 Wie man sich Binärzahlen merkt

Die Computersprache ist binär. Mathematisch basiert sie auf der Basis 2. Dabei präsentieren 0 und 1 alle Werte. Es ist eine der einfachsten Arten, Information darzustellen, da nur zwei Symbole, 0 und 1, verwendet werden.

Der Binärzahlentest ist einer der Höhepunkte der Gedächtnis-Weltmeisterschaften. 2004 schaffte der Engländer Ben Pridmore einen neuen Weltrekord mit 3.705 Binärzahlen in 30 Minuten.

Falls Sie das Dominic-System für alle Zahlen von 00 bis 99 gelernt haben, dann besitzen Sie schon das Werkzeug für die Binärzahlen. Folgende Methode erlaubt Ihnen, sich eine zwölfstellige Binärzahl mit Hilfe des Komplexen Dominic-Systems in Form eines einzigen Bildes (eine Person und eine Aktion/Requisite) zu merken.

DER BINÄR-KODE

Zuerst müssen wir die Zahlenkette, die aus lauter Nullen und Einsern besteht, in eine Abfolge von kleineren Gruppen zu je drei Ziffern zerlegen. Jeder dieser Gruppen ordnen Sie dann aus später offenbar werdenen Gründen eine einstellige Zahl aus dem Dezimalsystem (Basis-Zehn) zu. Ich habe unten acht dreistellige Binärzahlen gemeinsam mit ihrer neuen einstelligen Basis-Zehn-Kodierung angeführt:

000 = 0	**011 = 2**	**110 = 4**	**010 = 6**
001 = 1	**111 = 3**	**100 = 5**	**101 = 7**

Lernen Sie diesen einfachen Kode: die Kodes für die Zahlen 0 bis 3 sind einfach zu merken – zwei Mal 1 macht 2, drei Mal 1 macht 3, und so weiter. Die Kodes für 4 bis 7 sind schwieriger. Sie können sämtliche Gedächtnishilfen zur Erinnerung der Kodes verwenden. 110 lässt mich an einen dicken Stier (Zahlreim auf 4) denken, der auf zwei Leute zurennt – „Hier, Stier!" rufe ich, um sie zu warnen. 100 erinnert mich an eine Brille – ich setze sie auf, um ein Seepferdchen (Zahlenform für 5) zu betrachten. 010 erinnert mich an einen Elefanten – ein Rüssel (Zahlenform für 6) zwischen zwei Ohren. 101 erinnert mich an ein Teller mit Besteck: Ich esse meist um 7 Uhr zu Abend.

Sie können nun jede dreistellige Binärzahl durch eine einstellige Basis-Zehn-Zahl darstellen. Folglich können Sie sechsstellige Binärzahlen in eine zweistellige Basis-Zehn-Zahl umwandeln. Zum Beispiel:

101 = 7 und 011 = 2 folglich 101011 = 72
110 = 4 und 111 = 3 folglich 110111 = 43

Wenn Sie nun diese Zahlen mit dem Dominic-System in eine Person und Aktion umwandeln, welches komplexe Bild erhalten Sie? Ich sehe Gisèle Bündchen (72 = GB), die ein Kaninchen aus einem Hut zieht (43 = Aktion von DC, David Copperfield). So haben Sie eine zwölfstellige Binärzahl – 101011110111 – in einem komplexen Bild vereint!

ÜBUNG: Der Binärzahlen-Test

Hier ist eine Zufallskette von 60 Binärzahlen. Sie können eine Reise mit zehn Stationen anlegen, um eine Person, die für jeweils sechs Binärzahlen steht, an jeder Station abzulegen. Besser ist es, diese in ein komplexes Bild aus einer Person und einer Aktion umzuwandeln, dann brauchen Sie nur eine fünfteilige Reise. Das erste Set aus sechs Zahlen 011 110 wird in die zweistellige, Basis-Zehn-Zahl 24 (011 = 2 und 110 = 4) umgewandelt. Das zweite Set aus sechs Zahlen wird die zweistellige Basis-Zehn-Zahl 36 (111 = 3 und 010 = 6). Sie können sich Bob Dylan (24 = BD) auf einem Laufsteg vorstellen (36 = Aktion von CS, Claudia Schiffer).

Geben Sie sich 15 Minuten, um sich die Zahlenfolge einzuprägen.

011 110 111 010 111 100 000 001 101 111 100 001 010 101 101 100 111 000 110 010

Schreiben Sie nun so viele Zahlen der Folge in Ihr Notizbuch wie Sie können.

Auswertung: *Einen Punkt für jede richtig gemerkte Binärzahl. Wie der Binärzahlen-Test am Anfang dieses Buchs (Seite 14), funktioniert dieser Test nach dem Prinzip „plötzlicher Tod" – falls Sie sich die ersten sechs Zahlen richtig merken und bei der siebten Zahl einen Fehler machen, bekommen Sie sechs Punkte.*

Maximale Punkte: 60   Ungeübte: 6+   Geübte: 12+   Meister: 42+

Keine Sorge, falls Sie nicht hoch punkten – dies ist ein extrem schwieriger Test. Üben Sie diese Methode weiter an selbst erstellten Binärzahlenketten.

45 Wie man ein Wörterbuch auswendig lernt

Vor einigen Jahren besuchte ich Malaysia und hielt vor geladenem Publikum eine Rede zum Thema Gedächtnis. An meiner Seite nahm auch der malaysische Gedächtnis-Staatsmeister, Dr. Yip Swe Chooi, teil, der eine Demonstration zum Erlernen von Wörterbüchern gab.

Dr. Yip hatte wie ich die Macht der Reise-Methode als Informatiosspeicher entdeckt, nur hatte er beschlossen, diese Gedächtnisreisen – buchstäblich – auf unglaubliche Länge auszudehnen.

Er erzählte mir, er hätte Monate damit verbracht, ein Englisch-Chinesisch Wörterbuch mit etwa 58.000 Einträgen zu lernen. Er behauptete nicht nur, die komplette Abfolge zu können, sondern auch zu jedem englischen Wort sowohl dessen Definition als auch seine chinesische Übersetzung zu wissen. Ich beschloss, ihn zu testen und nannte ihm das Wort „upholstery"(Polstermöbel, Sitzbezug). Zu meiner Überraschung konnte er mir in Sekundenschnelle die exakte Definition und die richtige Übersetzung ins Chinesische samt der Seite des Eintrags sagen. Auch andere aus dem Publikum prüften Yip und er antwortete immer richtig. Dr. Yip erzählte mir, dass er eine lange Reise mit 58.000 Stationen besäße und an jeder Station Zugang zu den Daten in Form von Schlüsselsymbolen hat.

Die Demonstration von Dr. Yip gehört zu den eindrücklichsten Gedächtnisleistungen, die ich miterlebt habe. Abgesehen von den praktischen Vorteilen, ein wandelndes Wörterbuch zu sein, zeugt Yips Kunststück vom grenzenlosen Potenzial des menschlichen Gedächtnisses und beweist die fantastische Kraft der Reise-Methode.

ÜBUNG: Zufallswörter-Test

Obwohl Sie erleichtert sein werden, dass ich nicht von Ihnen verlange, ein Deutsch-Suaheli Wörterbuch auswendig zu lernen, wird folgende Übung Ihre Assoziationsfähigkeit bis zum Limit fordern.

Bei der Disziplin „Random Words“ (Zufallswörter) bei den Gedächtnis-Weltmeisterschaften müssen die Teilnehmen so viele willkürlich ausgewählte, unzusammenhängende Wörter wie möglich in richtiger Reihenfolge in 15 Minuten lernen. Die Liste mit 80 Wörtern auf der nächsten Seite umfasst die ersten 80 Wörter des Zufallswörter-Tests vor einigen Jahren.

Entscheiden Sie, wie Sie am besten Ihre Reise organisieren. Ich persönlich verwende eine Station pro Wort, also eine 80-teilige Reise. Ich kenne allerdings auch Konkurrenten, die zwei Wörter miteinander verknüpfen und gemeinsam an einer Station ihrer Route ablegen, das heißt, sie brauchen nur eine 40-teilige Reise (siehe Schritt 43, Gedächtnis hoch zwei). Alternativ dazu können Sie auch die Römischen Räume verwenden (Schritt 41). Erweitern Sie einfach die Reise durch Ihr Haus auf 16 Stationen, von denen jede fünf Mini-Stationen umfasst.

Nachdem Sie Ihre Reise vorbereitet haben, blättern Sie um und geben sich 15 Minuten, um sich möglichst viele Wörter in der Listenabfolge zu merken.

Hinweis: Verwenden Sie die ersten zehn Minuten, um so viele Wörter wie möglich zu lernen, und wiederholen Sie die letzten fünf Minuten, was Sie gespeichert haben.

80 WÖRTER AUS DEM ZUFALLSWÖRTER-TEST

sezieren	**bluten**	**arrangieren**	**Schere**	**Kilt**
Schwein	**Pilot**	**zuschlagen**	**Banane**	**über**
Phase	**verkehren**	**befallen**	**Besen**	**Haarbürste**
Kokosnuss	**gemütlich**	**Pflaster**	**Alkoven**	**Salon**
Pavian	**Basis**	**hinweisen**	**Schinken**	**Rodel**
oral	**knusprig**	**folgen**	**Gebiss**	**Backrohr**
Rüstung	**Pier**	**Trolley**	**Scheit**	**Geschwister**
Sägemehl	**Gitter**	**Arkaden**	**Handschuh**	**Kanone**
kursiv	**Eskorte**	**Giraffe**	**atomar**	**beobachten**
Energie	**Ketzerei**	**Kommission**	**redundant**	**Heuchler**
Orange	**Knochen**	**Ente**	**schlucken**	**Zertifikat**
Schreibpult	**Streit**	**Slalom**	**helfen**	**gestehen**
Elfenbein	**Gamma**	**freizügig**	**Schädel**	**Motte**
Tasche	**Papagei**	**implodieren**	**Bunker**	**Dynamit**
Buchhalter	**Chef**	**Konzession**	**sechs**	**Reform**
Spannung	**schätzen**	**Fisch**	**zahlen**	**verdrängen**

Rufen Sie nun möglichst viele Wörter in der richtigen Reihenfolge ab, indem Sie sie in Ihr Notizbuch schreiben.

Auswertung: *Ein Punkt für jedes aufeinanderfolgende Wort, das Sie sich in der richtigen Reihenfolge der Liste gemerkt haben. Es gilt das Prinzip „plötzlicher Tod".*

Maximale Punkte: 80 *Ungeübte: 5+* *Geübte: 20+* *Meister: 50+*

46 Wie man sich mehrere Kartendecks merkt

Am 21. Juli 1985 trat Creighton Carvello, der Mann, der mich dazu inspirierte, mein Gedächtnis zu trainieren, in der japanischen Version der Fernsehshow „Guinness Welt der Rekorde“ auf.

Es war eine Live-Show und als Creighton auf die Bühne kam, um ein Gedächtniskunststück mit Karten zu zeigen, passierte etwas Ungewöhnliches. In Creightons Worten:

„Ich wollte eigentlich sechs separate Kartendecks lernen, doch als ich mir die Karten einprägen wollte, bemerkte ich, dass diese nicht gut gemischt worden waren und meist in ihrer ursprünglichen Reihenfolge auftauchten. Also mischten die Mädchen vom japanischen Fernsehen die Karten noch einmal, doch die Karten fielen vom Tisch herab auf den Boden. Sie wurden aufgehoben, alle in einen Stapel gepackt und nochmals gemischt – alle sechs Decks in einem wild zusammengemischten Stapel. Ich sah all die 312 Karten nur einmal und machte beim Abrufen 24 Fehler. Das war die Geburt eines neuen Rekords: sechs durchgemischte Kartendecks statt sechs Einzeldecks!“

Seit jener Zeit werden die Rekorde auf dieser Basis weitergeführt und es werden mehr und mehr Kartendecks gelernt, um zu sehen, wie weit man Creightons ursprünglichen Rekord treiben kann.

2002 konnte ich 54 Decks (2.808 Karten) auswendig aufsagen, auch dabei waren alle Karten miteinander vermischt und wurden nur einmal gezeigt. Ich machte acht Fehler beim Abrufen und bis jetzt (beim Schreiben dieses Buchs) halte ich noch den Weltrekord darin. Im Folgenden verrate ich Ihnen, wie ich mir 54 Decks merken konnte.

Ich verwendete die Reise-Methode in Kombination mit dem Komplexen Dominic-System. Zuerst bereitete ich 27 Reisen vor, von denen jede 52 Stationen oder Schauplätze aufwies. Dann stellte ich mir an jeder Station eine Person und Aktion vor, die für zwei Karten stand. In anderen Worten, ich besaß 1.404 Stationen, die jeweils ein komplexes Bild, das zwei Spielkarten umfasste, beinhalteten.

Wären zum Beispiel die ersten zwei ausgeteilten Karten Karo-König gefolgt von Treff-Ass, würde ich mir Bill Gates (meinen Karo-König), wie er eine Schnapsflasche hält (die Aktion von Al Capone, der mein Treff-Ass ist), vorstellen und er würde bei meiner Eingangstüre, der ersten Station meiner Reise, stehen. Wären die Karten umgekehrt, dann würde ich mir Al Capone dabei vorstellen, wie er bei meiner Eingangstüre seine Diamanten zählt (Aktion von Bill Gates).

Falls Sie schon bei Schritt 34 probiert haben, sich ein Kartendeck einzuprägen, kennen Sie schon eine Reise über 52 Stationen. Das heißt, Sie müssten theoretisch genug geistigen Speicherraum für zwei Decks besitzen. Es gibt natürlich auch die Möglichkeit, anstelle der 52 Stationen, wie in Schritt 34, eine 26-teilige Reise zum Einprägen eines Kartendecks zu verwenden.

Bevor Sie anfangen, zwei Kartendecks zu lernen, wäre es wahrscheinlich sinnvoll, Ihr Dominic-System (Schritt 23, 31 und 33) und Ihre Hofkarten (Schritt 34, Seite 110) nochmals zu wiederholen, um sicherzustellen, dass Ihre Spielkarten-Charaktere frisch in Ihrem Gedächtnis verankert sind.

ÜBUNG: Zwei Kartendecks

Prägen Sie sich nun die zwei Kartendecks mittels der Reise-Methode und dem Komplexen Dominic-System, wie gerade erläutert, ein.

1 Denken Sie Ihre Reise aus Schritt 34 durch und stellen Sie sicher, dass Ihnen alle 52 Stationen geläufig sind.

2 Mischen Sie die zwei Kartendecks zusammen. Beim Aufdecken der Karten verwandeln Sie jedes Kartenpaar in ein komplexes Bild (Person und Aktion) und ordnen es einer Station entlang Ihrer Reise zu.

3 Geben Sie sich 15 Minuten, um sich die beiden Decks einzuprägen.

4 Versuchen Sie nun, alle 104 Karten wiederzugeben. Fragen Sie entweder eine/n Freund/in, Sie dabei abzuhören, wenn Sie die Karten nacheinander laut aufsagen, oder schreiben Sie die Kartenfolge in Ihr Notizbuch.

Auswertung: *Messen Sie Ihren Erfolg an der Zahl der Fehler, falls Sie welche machen.*
Maximale Fehler: 104 *Ungeübte: 42+* *Geübte: <41* *Meister: <9*

Keine Sorge, falls Ihnen diese Übung schwer gefallen ist. Falls Sie mehr als 42 Fehler gemacht haben, üben Sie regelmäßig mit nur einem Kartendeck (Seite 111) und gehen Sie erst zu zwei Decks über, wenn Sie sich bereit fühlen. Falls Sie etwa 20 oder weniger Fehler gemacht haben, könnten Sie probieren, mehrere Kartendecks zu lernen. Um beispielsweise vier Kartendecks zu lernen, müssen Sie eine 52-teilige Reise vorbereiten, um das nächste Set komplexer Bilder abzuspeichern.

47 Wie man sich Gesichter und Namen merkt

Wenn ich eine Präsentation mache oder eine Abendrede halte, ende ich meist mit meinem „Partytrick", jeden Einzelnen im Raum beim Namen zu nennen. Vielleicht kommt Ihnen die Fähigkeit, sich viele Namen und Gesichter zu merken, bei Geschäftskonferenzen oder anderen Veranstaltungen entgegen. In Schritt 15 haben wir gelernt, wie wir uns die richtigen Namen zu den Gesichtern merken, indem wir körperliche Ähnlichkeiten, prägnante Gesichtszüge, ähnlich klingende Namen oder ähnliches einsetzen – und das Bild immer an einen passenden Ort verpflanzen. Sie könnten Schritt 15 kurz wiederholen, bevor Sie fortfahren.

Hier zeige ich Ihnen, was Sie tun, wenn Sie den Namen einer oder mehrerer Personen bekommen, bevor Sie diese kennengelernt haben, zum Beispiel anhand einer Liste von Konferenzteilnehmern oder der Tischordnung einer Hochzeit. Wählen Sie eine passende Reise mit der gewünschten Anzahl von Stationen – sagen wir 50. Falls die Liste der 50 Namen in Gruppen unterteilt ist, wie etwa ein Sitzplan mit fünf Personen pro Tisch oder fünf Vertretern einer Firma, dann könnten Sie auch zehn einzelne Fünf-Stationen-Reisen verwenden. Oder auch eine Reise mit zehn Stationen, die jeweils fünf Mini-Stationen beinhalten (siehe Forum Romanum, Schritt 41). In diesem Fall wäre Tisch 1 der erste Schauplatz Ihrer Reise, Tisch 2 der zweite und so fort. Sind die Personen nach Firmen aufgeteilt, visualisieren Sie diese – für „Tiger Versand" z. B. stelle ich mir ein Kuvert mit orange-schwarzen Tigerstreifen an meiner Zimmertür vor.

Nehmen wir an, der erste Name ist Viktoria Grün. Obwohl wir sie noch nicht kennen – und uns daher auf keine Merkmale ihrer Erscheinung beziehen können –, müssen wir unser eigenens Bild für sie erfinden. Viktoria erinnert mich an Königin Victoria von England. Ich stelle mir also Königin Victoria in einem hellgrünen Kleid vor und stelle sie an die erste Station meiner Reise. Wenn ich die echte Viktoria Grün treffe, integriere ich sie in mein Bild – und lasse Sie vor Königin Victoria einen Knicks machen. Sie sollten nun kein Problem mehr haben, sich den restlichen Abend an Viktoria zu erinnern.

Doch wenn Ihnen beim Kennenlernen des Menschen eine Besonderheit oder Ähnlichkeit auffällt, können Sie diese einsetzen, um die Verbindung zwischen der realen Person und Ihrer erfundenen Szene zu verstärken. Vielleicht hat sie ein bezauberndes Lächeln, also wird Viktoria die Königin Victoria vor Ihrem geistigen Auge anlächeln.

Ich würde zuerst die ganze Liste von 50 Personen auf diese Weise durchgehen und jede noch unbekannte Person an einer Station oder Mini-Station meiner Reise platzieren. Wenn ich die Leute treffe, integriere ich sie auf kreative Weise in meine Szene.

Sagen wir, Sie wollen meinen „Partytrick“ anwenden: Bitten Sie alle aufzustehen. Gehen Sie durch den Raum und sprechen Sie jeden einzeln mit seinem Namen an – jeder, der genannt wird, setzt sich. Die, die am Ende noch stehen, müssen sich hereingemogelt haben!

ÜBUNG: Namen von Gästen und Tischordnungen

Stellen Sie sich vor, Sie sind zu einem offiziellen Dinner geladen und und sehen vier Tischpläne mit den 20 Namen der Gäste. Versuchen Sie, sich alle Namen der Gäste und deren Tischnummer zu merken. Zuerst wählen Sie entweder vier verschiedene Reisen mit fünf Stationen oder eine Reise mit vier Stationen, die jeweils fünf Mini-Stationen umfassen. Dann formen Sie mit Fantasie alle Namen in Schlüsselbilder oder -szenen um und platzieren diese entlang Ihrer Reise(n).

TISCH 1	TISCH 2	TISCH 3	TISCH 4
Johanna Klein	***Michael Stetson***	***Steve Ranger***	***Eva Rabenstein***
Peter Lydon	***Uta Schneider***	***Hilda Brenner***	***Hubert Wolf***
Heike Bischoff	***Heinz Walcher***	***Andi Polster***	***Nina Hafner***
Hendrik Waal	***Fred Nobel***	***Tina Dietrich***	***Kurt Palm***
Susan Danzer	***Maria Braun***	***David Roiss***	***Vanessa Kuhn***

Sehen Sie nun, ob Sie sich daran erinnern können, welcher Gast an welchem Tisch sitzt. Schreiben Sie jeweils die Tischnummer und die Namen der richtigen fünf Gäste in Ihr Notizbuch.

Auswertung: *Fünf Punkte für jeden richtigen Gast (Vor- und Nachname richtig).*

Maximale Punkte: 100 Ungeübte: 15+ Geübte: 50+ Meister: 90+

48 Gesunder Körper, gutes Gedächtnis

Bis jetzt haben wir zum Training Ihres Gedächtnisses nur Ihren Geist gefordert: Sie haben ihn in verschiedenen Übungen bis an seine Grenzen gefordert. Mentale Übungen sind unerlässlich, um Ihre Gedächnisleistung zu stärken, doch Sie sollten auch den physischen Teil nicht vergessen. Mit anderen Worten, Sie können auch durch körperliche Ertüchtigung die Wirkung Ihres Gedächtnistrainings steigern.

In den letzten Jahren habe ich bemerkt, dass jene Konkurrenten, die bei den Gedächtniswettbewerben gut punkten, jene sind, die entspannt und körperlich fit wirken. Natürlich gibt es Ausnahmen, doch ich weiß aus eigener Erfahrung, dass ich meine Bestleistungen nach einer Zeit des körperlichen und geistigen Trainings vollbracht habe.

Unser Gehirn braucht Sauerstoff und ich denke, der wirksamste Weg, unseren Gehirnzellen Sauerstoff zuzuführen, ist regelmäßige körperliche Übung. Ich meine damit nicht, dass Sie jede Woche einen halben Marathon laufen müssen, doch irgendwelche Übungen, die Ihren Herzrhythmus anregen und Sie etwas außer Atem bringen, sind besser als nichts. Versuchen Sie wenigsten zwanzig Minuten täglich, Ihren Körper in irgendeiner Form zu ertüchtigen.

Auch Ernährung spielt eine wichtige Rolle, um dem Gedächtnis seine volle Kraft zu geben. Die Antioxidations-Vitamine A, C und E stärken das Gedächtnis. Diese Vitamine finden sich in vielerlei buntem Obst und Gemüse, wie Bananen, rotem Paprika, Spinat und Orangen. Sie helfen uns, die so genannten Freien Radikale auszuscheiden, die unsere Gehirnzellen schädigen können. Öliger Fisch, wie Lachs, enthält Folsäure und einige lebenswichtige Fettsäuren (besonders Omega-3-Fettsäure), die zur Erhaltung eines gesunden Gehirns und Nervensystems nötig sind. Auch Nahrungsergänzungsmittel wie Ginkgo Biloba können uns helfen, unser Gehirn mit Sauerstoff zu versorgen.

STRESS UND STIMULATION

Viele der Menschen, die zu mir zum Training gekommen sind, tun dies in dem Glauben, Gedächtnistechniken alleine könnten all Ihre Gedächtnisprobleme lösen. Nach einigen Nachforschungen stellt sich jedoch oft heraus, dass meist eine gewichtige Zunahme an Stress in ihrem Leben im Zentrum Ihrer Gedächtnisprobleme steht. Obwohl ich auch diesen Menschen empfehle, ihr Gedächtnis mit den, in diesem Buch angeführten Techniken zu üben, helfe ich Ihnen auch, herauszufinden, wo die Ursache für ihren Stress liegen könnte.

In Stresssituationen erzeugt der Körper Unmengen von Adrenalin. Dies ist ein primitiver Überlebensmechanismus, der als „Flucht oder Angriff"-Reaktion bekannt ist. Doch in den meisten heutigen Stresssituationen ist diese Reaktion überflüssig und das Adrenalin wird nicht verbrannt, sondern staut sich in unserem Körper auf. Langfristiger oder übermäßiger Stress schadet unserem Gedächtnis: Das Gehirn hört als Resultat von Stress nicht nur auf, neue Neuronen zu erzeugen, sondern auch der entsprechende Mangel an geistiger Stimulation kann bestehende Gehirnzellen zum Absterben bringen. Wir müssen eine Balance finden, um unseren Geist anzuregen und zu nähren sowie ihn gegen die Gefahren von Stress zu wappnen.

TIPPS: Stressabbau

Diese Hinweise bieten Hilfe, Spannung und Stress abzubauen.

- Üben Sie Körper und Geist regelmäßig. Spielen Sie Denkspiele, um Ihr Gehirn anzuregen und Bewegungsspiele, um Ihr Hirn mit Sauerstoff zu versorgen.

- Essen Sie ausgewogen mit einem hohen Anteil an Antioxidationsmitteln (Vitamin A, C und E) und essenziellen Fettsäuren, wie sie in Fisch, Nüssen und Samen enthalten sind.

- Geben Sie sich täglich Zeit zur Entspannung, sei es ein warmes Bad, ein Spaziergang oder das Malen eines Bildes – Hauptsache, es beruhigt Sie.

- Wenn Sie unter Stress stehen, machen Sie eine kurze Meditation. Schließen Sie die Augen und denken Sie an ein schönes Erlebnis, etwa einen besonders schönen Tag in herrlicher Umgebung. Stellen Sie sich ein einziges Bild vor, das diese Erinnerung einfängt, und wie all die positiven Gefühle aus diesem Moment Sie durchdringen. Wenn Sie Ihre Augen öffnen, fühlen Sie sich erfrischt und konzentriert.

- Führen Sie ein Stresstagebuch, um Ihre Stressursachen und -muster besser zu erkennen. Dazu räumen Sie jedem Wochentag in Ihrem Notizbuch eine Seite ein. Schreiben Sie auf, wann Sie gestresst sind und was genau davor passiert ist. Schreiben Sie alle Aktivitäten auf und wie Sie sich dabei gefühlt haben. Am Ende der Woche betrachten Sie Ihr Tagbuch. Tauchen irgendwelche Muster auf? Falls Sie beim Pendeln in die Arbeit gestresst waren, könnten Sie vielleicht die Transportart ändern. Wenn Sie am entspanntesten in der Familie sind, räumen Sie Ihrem Familienleben mehr Zeit ein.

49 Wie man bei Ratespielen gewinnt

Menschen, die Wert auf Allgemeinwissen legen, lieben meist auch Ratespiele – ob in Zeitschriften oder Lokalen oder in Form von Brettspielen wie Trivial Pursuit. Doch selbst wenn Sie kein Quizfan sind, ist das Erlernen von typischen Quiz-Fragestellungen eine wunderbare Methode, um Ihre Gedächtnistechniken zu üben.

Die allgemeine Methode umfasst drei Stufen. Ein oder mehrere Schlüsselwörter führen Sie zu einem Ort. Die Antwort auf die Frage wird dann ein Bild heraufbeschwören. Und Ihre Fantasie wird diese zwei verbinden. Betrachten wir dies anhand eines Beispiels:

F: ***Was bedeutet das Wort „Augur"?***

A: „Vogelschauer" – römischer Wahrsager.

Das Schlüsselwort ist hier „Augur", das mich an „Auge" und „Uhr" erinnert. Da es sich um einen römischen Wahrsager, einen Vogelschauer, handelt, erblicke ich in Rom einen Vogel, dessen Auge einer Uhr gleicht. Diese Methode scheint täuschend einfach. Die Schwierigkeit steckt in der Vielfalt der Information, mit der Sie umgehen müssen, und im Herausfiltern der wesentlichen Schlüsselworte der Frage. Oft finden Sie mehr Schlüsselworte als Sie brauchen. Verwenden Sie das Dominic-System (Schritt 23, 31 und 33), um sich Jahreszahlen und Nummern zu merken, und Schritt 15 und 47 für Gesichter und Namen.

ÜBUNG: Quizfragen und Antworten

Probieren Sie, sich die Antworten auf folgende Fragen zu merken. Für die erste Frage würde ich die Schlüsselwörter „backen" und „Henry Jones" wählen. Ich stelle mir eine Bäckerei vor, in der Mehlsäcke wie von alleine *aufquellen* und *aufplatzen* und ein Mann hinter der Theke steht (Henry Jones), dessen Namen ich mir mithilfe der Technik aus Schritt 47 merke. 1845 ist unwichtig. Müsste ich mir doch statt des Namens „1845" merken, würde ich mit dem Komplexen Dominic-System den Mann hinter der Theke als Anthony Hopkins Musik dirigieren lassen .

	FRAGE	ANTWORT
1	***Welche Backhilfe wurde 1845 von Henry Jones erfunden?***	Aufgehendes Mehl
2	***Welcher Planet wurde 1972 von Mariner Nine umflogen?***	Mars
3	***Welche Uhr wurde von dem Wissenschaftler Christian Huygens erfunden?***	Pendeluhr
4	***Welches ist das einzige Jahr des vorigen Jahrhunderts, in dem es drei verschiedene Päpste gab?***	1978
5	***Wer spielte 1989 den Batman im Kinofilm?***	Michael Keaton
6	***Welcher Kontinent hat den niedrigsten Berg?***	Australien
7	***Zu welcher Vogelart gehört ein Säger?***	Zu den Enten

Auswertung: *Decken Sie nun die Antworten ab und überprüfen Sie, wie viele Fragen Sie richtig beantworten können – notieren Sie die Antworten in Ihrem Heft. Wie ist es Ihnen ergangen? Ich denke, mittlerweile werden Sie alle Antworten richtig haben.*

50 Gedächtnisspiele

Es ist nie zu früh oder zu spät, um damit anzufangen, sein Gedächtnis zu trainieren. Ich erinnere mich daran, dass meine Mutter mit mir als Kind bei langen Autofahrten immer ein Gedächtnisspiel spielte. Obwohl wir es gegen die Langeweile der Fahrt spielten, glaube ich, dass damit der Grundstein für meine spätere Karriere gelegt wurde. Meine Mutter nannte das Spiel „Als ich zum Strand ging".

Sie würde das Spiel z. B. mit folgendem Satz beginnen: „Als ich zum Strand ging, packte ich einen Schnorchel ein." Dann würde ich den Satz fortsetzen: „Als ich zum Strand hinunterging, packte ich einen Schnorchel und eine Sonnenbrille ein." Das Spiel ging so weiter – meine Mutter und ich wechselten einander ab, wiederholten die vorhergehende Liste und fügten einen weiteren Posten dazu – bis einer von uns einen Teil vergaß oder einen Fehler in der Reihenfolge machte.

Gedächtnistraining mit einem Spiel zu verbinden ist eine großartige Methode, die Konzentration zu schärfen und das Abrufen aus dem Gedächtnis zu verbessern.

Ein anderes Spiel, das mich über Stunden unterhalten konnte, nannte man „Paare". Es ist ist eine Art Memory mit Spielkarten. Dabei werden die 52 Spielkarten verdeckt in vier Reihen zu je dreizehn Karten hingelegt. Das Ziel ist es, mehr zusammengehörende Paare (zwei Asse, zwei Damen und so fort) als der Gegenspieler zu bekommen. Die Spieler drehen jeweils zwei Karten um und wenn diese zusammenpassen, dann gewinnen Sie das Kartenpaar, nehmen es von der Spielfläche und kommen noch einmal dran. Wenn ein Spieler zwei verschiedene Karten aufdeckt, dann legt er sie in der gleichen Position wieder hin. Dann kommt der andere Spieler dran. Die Person, die sich die Position der meisten Karten aus vorhergehenden Zügen merkt, deckt die meisten Paare auf und gewinnt daher das Spiel.

Ein beliebtes Gedächtnisspiel, das oft bei Partys und den Pfadfindern gespielt wird, wird bei uns in England nach Rudyard Kiplings Roman *Kim* genannt. Es gibt einige Spielvarianten, prinzipiell sammelt ein Spielleiter jedoch 20 Gegenstände zusammen und versteckt diese auf einem Tablett unter einem Tuch oder einer Decke. Die Abdeckung wird entfernt und die Spieler bekommen eine Minute Zeit, um sich so viele Gegenstände wie möglich zu merken.

TEST: Kim's Spiel

Hier ist eine Version dieses Spieles für zwei Spieler. Bitten Sie Ihren Spielpartner, 20 Haushaltsartikel verdeckt auf einen Tisch zu legen. Dann deckt er diese auf und Sie versuchen, sich alle 20 Gegenstände in einer Minute zu merken. Drehen Sie sich um. Ihr Spielpartner entfernt nun vier oder fünf Posten. Drehen Sie sich um und versuchen Sie, die fehlenden Posten zu nennen. Falls Sie wie ich eine bewährte 20-teilige Reise haben, entlang der Sie die Gegenstände ablegen können, sollten Sie einen entschieden unfairen Vorteil gegenüber jemandem mit ungeübtem Gedächtnis haben.

Auswertung: *An dieser Stelle des Buches würde ich annehmen, dass Sie alle fehlenden Posten nennen können. Falls ja, dann haben Sie enorme Fortschritte gemacht.*

51 Gedächtnisübungen mit Zahlen

Folgende Übungen sind Wiederholungen der verschiedenen Zahlentechniken, die Sie bereits in diesem Buch gelernt haben. Sie dienen der Beschleunigung des Übersetzungsprozesses von Zahlen in Schlüsselbilder. Beginnen wir mit der Wiederholung zuerst bei einstelligen Zahlen:

ÜBUNG: Umwandlung von einstelligen Zahlen

Auf der nächsten Seite stehen 70 einstellige Zahlen zwischen 0 und 9. Das Ziel ist nicht, sich die Zahlenreihen zu merken, sondern Zahlenformen oder -reime zu üben, bis diese wie aus der Pistole geschossen kommen. Sie können die Zahlenreihen horizontal oder vertikal lesen.

Lesen Sie die Zahlen entlang einer Reihe und wandeln Sie jede einzelne je nach Vorliebe in die korrespondierende Zahlenform (Schritt 12) oder einen passenden Zahlenreim (Schritt 13) um. (Da dies eine visuelle Übung ist, funktioniert für mich hier die Zahlenform-Methode besser.)

Sie müssen nichts aufschreiben. Stellen Sie sich einfach das Bild vor. Falls es Ihnen hilft, können Sie sich auch das Bild laut vorsagen. So sagen Sie zum Beispiel immer, wenn Sie die Zahl 7 sehen, „Bumerang" und stellen sich dabei einen vor.

Beginnen Sie langsam mit dem Lesen und formen Sie dabei Bilder. Beschleunigen Sie das Ganze, wenn der Umwandlungsvorgang automatischer wird. Ihr Ziel ist es, eine Stufe zu erreichen, wo die Bilder blitzartig von der Ziffer ausgelöst werden.

2	4	3	9	7	1	0
5	7	1	1	4	2	8
7	3	5	4	6	0	9
1	0	2	8	0	4	7
8	1	6	2	2	5	5
3	2	8	7	9	6	6
9	6	7	5	8	7	7
1	9	4	3	5	8	4
0	5	0	6	3	9	2
7	4	9	0	1	3	3

Pause

Wiederholen Sie nun die Übung – allerdings etwas schneller. Diesmal sollten Sie es schaffen, innerhalb von fünf Minuten alle Ziffern erfolgreich in Zahlenformen oder Zahlenreime ungewandelt zu haben.

UMWANDLUNG VON ZWEISTELLIGEN ZAHLEN

Falls Sie das komplette Dominic-System (Schritt 23, 31 und 33) kennen, sollten Sie alle zweistelligen Zahlen von 00 bis 99 als Personen mit der jeweiligen Handlung oder Requisite erkennen können. In folgender Übung können Sie die Konvertierung des Dominic-Systems von Zahlen in Charaktere trainieren.

ÜBUNG: Umwandlung von zweistelligen Zahlen

Unten ist eine Liste mit allen zweistelligen Zahlen von 00 bis 99 in zufälliger Reihenfolge. Lesen Sie zuerst die Liste und stellen Sie sich dabei jede zweistellige Zahl als Person vor – Sie müssen hier Aktion und Requisite noch nicht berücksichtigen, erst später. Sie müssen auch nichts aufschreiben und auch nicht die Liste auswendig lernen: Das Einzige, was Sie tun sollen, ist, jeder Zahl ein Gesicht zuzuordnen.

08	14	51	07	17	74	78	69	10	36
16	68	66	33	99	12	39	53	09	85
91	93	47	76	28	25	42	80	63	98
24	87	82	92	21	62	06	59	29	97
35	77	94	88	05	13	45	44	95	61
72	26	34	90	40	60	55	15	30	79
50	56	43	19	49	27	70	84	46	54
11	20	67	03	58	83	38	04	31	18
37	65	00	89	71	22	86	01	23	64
32	96	57	41	73	75	02	81	48	52

Nun, da Sie Ihre Charaktere frisch im Kopf haben, gehen Sie nochmals die Liste durch und versuchen diesmal, sich die gleichen Personen bei ihren Aktionen und/oder mit ihren Requisiten so detailreich wie möglich vorzustellen.

Üben Sie dies jeden Tag einige Minuten, bis Sie zu dem Punkt gelangen, wo Sie die zweistelligen Zahlen automatisch als Personen „sehen".

ÜBUNG: Komplexes Dominic-System

In Schritt 4 gab ich Ihnen eine Eselsbrücke für die ersten fünf Dezimalstellen von Pi vor. Prägen Sie sich nun die ersten 20 Dezimalstellen von Pi ein. Verwenden Sie dazu eine Reise und das Komplexe Dominic-System.

3.1 4 1 5 9 2 6 5 3 5 8 9 7 9 3 2 3 8 4 6

Wählen Sie eine Reise mit fünf Stationen. Sie haben fünf Minuten, um sich die Person plus Aktion/Requisite für jede Gruppe à vier Zahlen einzuprägen und sie an den Stationen abzuspeichern. Schreiben Sie die Zahlen auswendig in Ihr Heft.

Auswertung: *Sie sind fast am Ende dieses 52-Schritte-Programms und ich nehme daher an, dass Sie sich die ersten 20 Dezimalstellen von Pi alle richtig gemerkt haben.*

Falls Sie weiter üben wollen, Zahlen in komplexe Bilder umzuwandeln, dann können Sie mit der Übung in Schritt 37 (Seite 123) weiterarbeiten.

52 Wie genial ist Ihr Gedächtnis jetzt?

In Schritt 1 haben Sie einige Tests gemacht, um Ihr ungeübtes Gedächtnis einschätzen zu können. Machen Sie nun bei Schritt 52 folgende Tests, um zu sehen, wie sehr sich Ihr Gedächtnis verbessert hat.

TEST 1: Wörter

Betrachten Sie drei Minuten lang diese 20 Wörter. Geben Sie möglichst viele Wörter wieder, die Reihenfolge ist egal. Es gibt einen Punkt für jedes richtige Wort.

MÄDCHEN SEIL KUCHEN BLATT
PFERD BART ZUCKER SCHAL
LEDER HAMMER DRACHEN FEDER
BANANE PFEIL UHR LACHS
ZIEGEL BUCH STUHL RADIO

TEST 2: Zahlenreihe

Geben Sie sich drei Minuten, um sich diese Zahlenfolge aus 20 Ziffern zu merken. Geben Sie dann möglichst viele Zahlen in richtiger Reihenfolge wieder. Zählen Sie einen Punkt für jede richtige Zahl. Es gilt das Prinzip „plötzlicher Tod“: Wenn die neunte Zahl falsch ist, erhalten Sie acht Punkte.

3 8 7 0 3 3 5 5 6 2 3 4 9 1 9 9 4 2 8 1

TEST 3: Namen und Gesichter

Studieren Sie drei Minuten folgende zehn Namen und Gesichter.

Decken Sie nun den oberen Zeil ab und versuchen Sie, denselben zehn Gesichtern in anderer Anordnung die richtigen Namen zuzuordnen. Geben Sie sich fünf Punkte für jeden richtigen Vornamen und für jeden richtigen Nachnamen.

TEST 4: Spielkarten

Betrachten Sie drei Minuten lang diese Spielkarten. Versuchen Sie dann, die genaue Abfolge wiederzugeben. Wie bei der Zahlenfolge in Test 2 gilt das Prinzip „plötzlicher Tod“: Ein Punkt für jede richtige Karte vor dem ersten Fehler.

Q ♠	5 ♥	A ♦	7 ♦	8 ♣
J ♣	2 ♦	10 ♥	6 ♠	K ♠

TEST 5: Formen

Geben Sie sich drei Minuten, um sich diese Folge von zehn Formen einzuprägen.

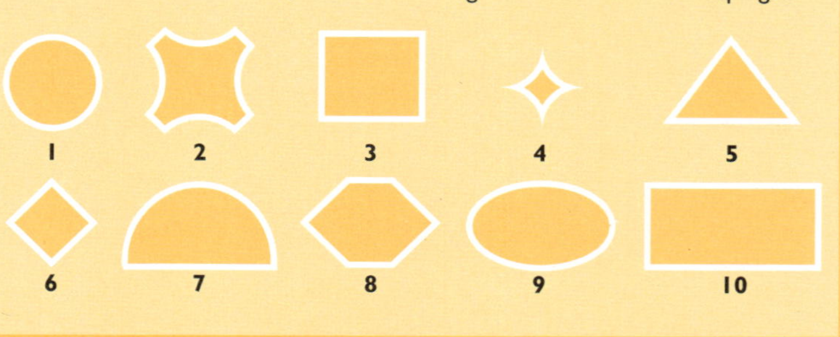

Decken Sie nun Seite 168 ab und nummerieren Sie die hier neu angeordneten Formen in der ursprünglichen Ordnung. Einen Punkt für jede richtige Nummerierung.

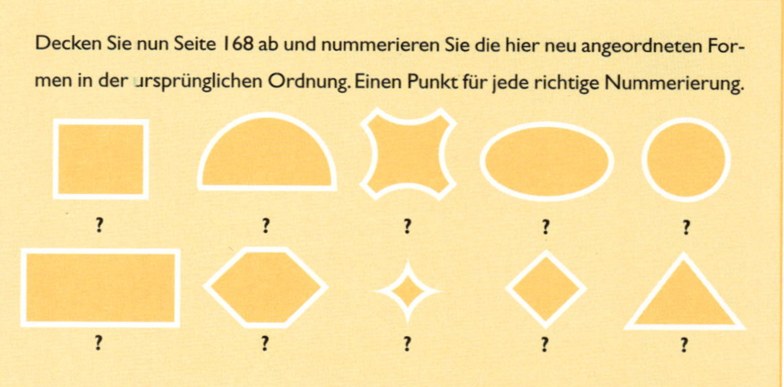

TEST 6: Binärzahlen

Prägen Sie sich die Kette aus 30 Binärzahlen ein. Geben Sie dann so viele wie möglich in der richtigen Reihenfolge wieder. Es gilt das Prinzip „plötzlicher Tod“. Sie erhalten einen Punkt für jede richtige Zahl.

1 0 1 0 1 1 0 0 0 1 0 1 1 1 1 0 1 0 0 1 1 1 0 1 1 0 0 1 0 1

Auswertung: *Addieren Sie nun die Ergebnisse aller sechs Tests für die Gesamtsumme.*

Maximale Punkte: 190 Ungeübte: 40+ Geübte: 105+ Meister: 170+

Dieses Kapitel umfasst sechs Tests, Schritt 1 nur fünf, daher sind die Gesamtpunktzahlen von Schritt 1 und Schritt 52 nicht direkt vergleichbar. Sie können jedoch die Einzelergebnisse vergleichen, um zu sehen, wie sich Ihr Gedächtnis verbessert hat.

Schlussbemerkung

Vielleicht liegt der einzige Grund, warum Sie dieses Buch zur Hand genommen haben, darin, dass Sie das Gefühl hatten, sich nur schwer Namen oder Geburtstage oder Telefonnummern merken zu können. Oder Sie haben sich Sorgen gemacht, schon etwas vergesslich zu werden. Egal was Ihr Motiv war, ich hoffe, Sie haben die Herausforderung, Ihr Gedächtnis in 52 Schritten zu üben und zu entfalten genossen.

Ein geübtes Gedächtnis ist von unglaublich großem Nutzen. Neben den praktischen Vorteilen sollten Sie bemerkt haben, dass Ihr Gedächtnis im Allgemeinen viel leistungsfähiger geworden ist und – dass Sie Vertrauen in diese Fähigkeit gewonnen haben.

Als ich in der Schule mit dem Lehrstoff kämpfte, hätte ich mir nie träumen lassen, jemals in irgendeiner Disziplin Weltmeister zu werden – an Gedächtnis gar nicht zu denken! Ich hatte damals so viele Lernprobleme, dass ich die erste rechtlich zulässige Gelegenheit am Schopf packte und im Alter von 16 Jahren die Schule verließ. Es ist daher ziemlich ironisch, wenn manche Leute annehmen, ich müsste mit einer besonderen Erinnerungsgabe oder einem fotografischen Gedächtnis zur Welt gekommen sein. Nichts könnte der Wahrheit ferner liegen. Wie ich immer wieder betone, besitze ich ein trainiertes Gedächtnis. Ich hoffe, dass Sie, wenn Sie eine Familie haben, diese Techniken an Ihre Kinder weitergeben, damit diese Sie dazu einsetzen können, besser und freudvoller zu lernen.

Ein gutes Erinnerungsvermögen ist so wichtig. Es definiert, wer wir sind. Ohne Gedächtnis wäre unser Leben ein Chaos. Gedächtnistraining ist eine Investition in das künftige Wohl Ihres Geistes – ich glaube stark an die Theorie „verwenden oder verlieren“. Nehmen Sie sich die Zeit, Ihr Gedächtnis täglich ein wenig zu üben. Sie können dazu die Übungen und Tests in diesem Buch wiederholen oder an Ihre Bedürfnisse anpassen. Sie brauchen dazu nicht am Schreibtisch zu sitzen. Gewöhnen Sie sich einfach an, sich bei Ihren täglichen Wegen Namen, Häuserzahlen, Straßennamen, sogar Autokennzeichen zu merken. Mir passiert es, dass ich automatisch Zahlen in Personen umwandle. Wenn mir jemand seine Telefonnummer sagt, brauche ich kein Schreibzeug. Und ich bin nie in der Zwickmühle, jemanden, der mir gerade vorgestellt wurde, wieder nach seinem Namen fragen zu müssen. Und bei der nächsten Feier sollten Sie sich alle Namen der Anwesenden einprägen können. Und als Partyeinlage könnten Sie zum Erstaunen der anderen ein Kartendeck aufsagen.

Für mich persönlich ist die wirksamste Technik die Reise-Methode. Mittlerweile haben Sie vermutlich auch schon Ihre eigene Lieblingsroute um Ihr Zuhause entwickelt, wo Sie diverse Datenfolgen ablegen können. Sie können sicher auch schon die Reise-Methode für beachtliche Gedächtnisleistungen anwenden. Vielleicht sind Sie ja selbst ein potenzieller Gedächtnismeister. Wenn Sie das glauben, dann üben Sie weiter, und dann werden wir dies einmal von Angesicht zu Angesicht bei den Gedächtnis-Weltmeisterschaften austragen.

Gratulation zum Abschluss dieser 52 Schritte! Und genießen Sie getrost die Früchte, die Ihnen diese Techniken bescheren werden.

Weiterführende Literatur

Buzan, Tony *Nichts vergessen – Kopftraining für ein Supergedächtnis*, München 1999

Buzan, Tony und **Buzan, Barry** *Das Mind Map Buch*, München 1999

Buzan, Tony und **North, Vanda** *Kopftraining – Anleitung zum kreativen Denken*, München 1999

O'Brien, Dominic *Der einfache Weg zum besseren Gedächtnis*, München 2000

O'Brien, Dominic *Zahlen & Daten*, München 2003

O'Brien, Dominic *Gesichter & Namen*, München 2003

Register

Kontakt zum Autor

Falls Sie Dominic O'Brien kontaktieren möchten, können Sie dies über folgende Internetadresse:

www.peakperformancetraining.org

Dank

Ich möchte dem kreativen Team von
Duncan Baird Publishers,
bestehend aus Bob Saxton, Justin Ford,
Naomi Waters und Zoë Stone,
für die Produktion dieses Buchs danken.